円満な相続を実現するための

続・相続力

税理士・不動産鑑定士
森田義男

Bkc

まえがき

親の相続は、やがてはやってくるものです。そこでは親の財産をこと細かく調べて、相続人でこれを分配することになります。遺産が多いのであれば、その申告・納税が必要ですし、その後に憂鬱《ゆううつ》な税務調査が来ることさえあります。

ただし遺産分割は円満に行わなければなりません。同じ相続税を払うにしても、しっかり相続税対策を行った上のものとすべきでしょう。

であればここは「相続力」を身に付けることにより、こうした負担は減らすべきです。つまり円満な遺産分割や効果的な節税策です。さらには受け身でいるばかりではなく、相続税対策の過程で資産構成の改善を行う、といった積極策も考えていきたいところです。

さて相続税は極めて特殊な分野です。

本来はどの種類の税も、税額計算に至るルールはきっちり決められています。ですから、誰がやっても税額はほとんど同じものが出てきます。むろん税である以上はそうあるべきでしょう。ところが相続税に限っては全く話が違います。担当税理士の腕次第で税額がガラッと変わってくる、という側面が強いのです。

また、相続は遺産の分割が前提となっています。この遺産分割は何としてもうまく（つまり円満かつ有利に）切り抜けたいところです。ところが、現実にはそう容易なことではありません。

世の中には、こうした事実がほとんど知られていないようです。「誰がやっても税額は同じ。遺産分割は出たとこ勝負で」という考え方が主流です。多くの税理士もそう思っているようです。とりわけ相続人の「円満」の重要性が忘れ去られているように思えてなりません。

この本は、そうした誤解を解くとともに、相続税専門の税理士の立場から、「**相続力**」すなわち、どうすれば相続をうまく切り抜けることができるかを、本音で書いたものです。２０１１年に第一弾を発行し、今回、大幅な加筆修正をしました。

筆者は16年間信託銀行に在籍し、約10年不動産業務を担当しました。その後１９８８年に退職して相続税専門の税理士になりました。有利な相続税申告には、**不動産のプロ**としての知識・経験が抜群の威力を発揮するからです。

その上で、今まで極めて多くの相続税申告を経験しました。そしてこの仕事には、案件に即応した工夫・創造が求められる点を痛感しました。一般税理士等の通り一遍の知識ではとても通用するものではないのです。

しかしこうした相続・相続税に関してはその実像はほとんど知られていないように思われます。相続を書いた本のほとんどがピンぼけ状況にあることが、その点を示しています。やはり実態を表すには、相続・税の修羅場の多くの経験を必要とするのでしょう。

これは相続力を養成していただくための本です。本書には、意外な落とし穴あり、なるほどと膝を打つものあり、常識と逆のものありと、多くの興味深い内容が含まれているはずです。そしてそれらをどの本よりも分かりやすく、何より現場の感覚を基に本音で書いたものです。

本書は、皆さんの目から鱗を落とすことを狙っています。果たしてめでたくこれを落とすことができますかどうか……。

２０１９年５月

森田　義男

目次

第5章　お寒い評価規定　税額は土地の評価次第

第6章　**税務調査**　何も恐れることはありません

第1章

まとまらないと大変——遺産分割

円満な遺産の配分を考える

はじめに

〝終わりよければすべて良し〟という言葉があります。本当にそのとおりだと思います。ではこれを一般家庭に置き直してみましょう。つまり両親が亡くなった後の遺産分割がスムーズにいったとします。であれば、長い間にはいろいろ家族の対立やトラブルがあったにせよ、その両親が営んできた家庭は、「良かった」と言っていいように思います。

反対に、それまではいかに家庭内が円満・順調であったとしても、最後の遺産分割でもめてしまえば、一家はがたがたになってしまいます。いかに節税ができたとしても、それではどうにもなりません。「相続力」を考える上で、「円満」は最優先課題です。

財産の円満な配分という話題となると、遺言が思い浮かびます。しかし、遺言はそれほどお勧めできるものではありません。また、実際に遺産分割となると、いろいろな思惑が錯綜します。全員が納得できる分割は、けっこう難しいのが現実です。

そこで本書の第1章は、最優先課題である「円満な遺産分割」を中心に、遺産の配分を考えていくこととします。

第1節　円満が一番

税金はやみくもに減らせばいいというものではありません。相続税対策を行うに当たっては優先順位があります。最優先すべきは相続人の円満の確保です。

1　円満分割の重要性

(1) 相続税対策の優先順位

相続税対策には、明白に優先順位があります。その順位とはズバリ次のとおりです。

第1順位　相続人の円満（これが最優先。もめたら一家の絆が壊れます）
第2順位　納税資金の確保（税額が減っても、これが払えなければアウト）
第3順位　相続税の節税（前記二つを達成の後、初めて果敢にチャレンジ）

ともすると相続税対策は、「とにかく税額を減らせばいい」といった考えがなされる傾向にあります。しかしそれよりもまず優先すべきは、第2順位の納税資金の確保です。

たとえば予想相続税額が1億円としましょう。そこで相続税対策として、時価1億円の更地の上に借入金でアパートを建てました。アパート建築にかなりの節税効果があるのは事実です。これにより予想税額は6000万円に減らすことができたとします。

しかし金融資産は1000万円程度しかないとします。では残りの5000万円はどうやって調達するのでしょう。何億円にも評価される不動産があっても、現実にうまく換金できるのは更地ぐらいのものです。アパートや借地権が付着した底地はとても思う値段では売れません。そこでやむなく長年住み慣れた自宅を売って納税する、などとなったのではお話になりません。

このような場合に、唯一換金可能ともいうべき更地上にアパートを建てるのは、自殺行為というべきでしょう。ただし金融資産がたっぷりある場合や、他にも換金可能な更地が確保されているのであれば、事業採算を十分に考えた上で、アパート建築といった節税策は大いに検討すべきです。

いずれにしても相続税対策を考える場合には、最初に資産全体を見渡すことにより、どの程度の換金可能な資産があるかを考えなければなりません。

しかしこれら二つよりも優先すべきは、何といっても**相続人の円満の確保**です。相続における遺産争いによって、家族の絆がズタズタになったのではどうにもなりません。

従来から深刻な感情の対立があるのであれば、今さらどうなるものでもないでしょう。しかし

「それらを表面化させないで、何とか無難に財産を分けることができないものか」というような工夫は、最優先されるべきと思います。ましてや平穏だった家族が、遺産分割をきっかけに対立が生じ、さらには決裂してしまうなどといったことは、ぜひとも避けなければなりません。

そうした意味からも、相続税対策を考える際には、「相続人にうまく分けることができるような財産構成になっているかどうか」といった視点からの検討は、最優先すべきこととなります。

たとえば、子が兄弟2人いるにもかかわらず、財産は広い一等地に立つ先祖代々の自宅だけというのでは、どうにも落ち着きません。兄弟での共有は好ましくなく、由緒ある自宅では売って分けるわけにもいきません。むろん、解決策はおいそれと見つかるものではありませんが、問題意識をしっかり持って、工夫していく姿勢が大切となりましょう。

(2) 円満にまとめる

やはり、相続の最大のポイントは、遺産分割です。これをいかに円満にまとめるかが勝負です。遺産分割がすんなり「まとまる」家庭は数多くあります。仮に家族に、優・良・可・不可という成績を付けるとすれば、そのような家庭には間違いなく優が付きます。まとまり具合は、数十年間の家族のあり方についての成績を表している、といっても過言ではないと思います。

なお、財産の大半を所有する父に相続が発生（一次相続）した場合の遺産分割は、やがて発生するであろう母の相続（二次相続）後の分割を想定した上でのものでなければなりません。一次相続における母の相続財産の取得は、二次相続までのつなぎと考えるべきでしょう。

次節でいう「争族」に至らなくとも、ぎくしゃくしたままの遺産分割は、後にしこりを残します。考えの相違があっても、なるべくお互いが歩み寄り、短期間にまとめたいところです。

それにはお互いが、自身の立場や考え方を忌憚なく説明することです。そして何より重要なことは、そうした相手の立場等を理解することです。そうすれば（構造的な対立がない限り）、落ち着くべきところに落ち着くはずです。

それでも合意に至らない場合には、お互いの本音ベースの主張を理解し合った上で、妥協できる線を探します。「足して二で割る」のも立派な手法です。遺産分割の成立は、「妥協の産物」と割り切るべきでしょう。

(3) 決裂は避けるべき

とはいえ家族によっては、円満はおろか、簡単には妥協できないといった場合もありましょう。たとえば以前から深刻な感情的対立がある場合、無茶ともいうべき主張をする人がいる場合、似た立場の者が跡継ぎといったひとつの座を争う場合、一部の人が親からすでに多くの資産を持ち出していると思われる場合等です。このように、「争族」というべき事態となるケースはさまざまです。

そこで結論を申し上げます。「それでも**決裂は絶対に避けるべき**」です。決裂するのは簡単ですが、これをやってしまえば、いいことは何もありません。自身の主張が実現されないことはもちろん、遺産はほぼ凍結状態です。

何よりどうにか体裁だけはとっていたはずの家族は、もう完全にバラバラ。残るはお互いの憎しみだけです。将来の冠婚葬祭にも、まともな対応が取れなくなります。

この辺りになると、弁護士を通じること等により遺産分割の調停・審判を行う流れになりましょう。しかし後で詳しく述べるとおり、これらをやると、いよいよ嫌な思いをします。まず「調停委員や裁判官なら公正な判断をしてくれる」などと思ってはなりません。しかしそれでも「これをやるしかない」というケースもありましょう。そうであっても、次節を十分お読みいただいた上での結論としてください。

「さすがにそこまでの絶望的な対立ではない」、と言うのであれば、何が何でもどこかで妥協することです。それには誰かに間に立ってもらうのが一番です（ただし、原則として弁護士は不可。次節の2を参照ください）。親戚や友人、申告を依頼した税理士等、信頼できそうであれば誰でもいいと思います。

そして最終的には妥協です。となれば「せめて足して二で割ったところで」とお考えかも分かりません。しかし決裂した場合との比較をしつつ考えるべきです。となると場合によっては、先方の主張を丸呑みするのに近い状況すら覚悟する必要もありましょう。

「ならぬ堪忍するが堪忍」という言葉があります。これと同様、「ならぬ妥協するが妥協」とお考えください。いわば「煮えくり返る思いを胸に、笑って判を押す」といったところです。極めて難しいことは重々承知の上ですが、この路線で行かれることを進言いたします。

(4) 遺産分割のやり直しはできるか

遺産分割は円満なものとするとともに、よく考えて行わなければなりません。税務署が遺産分割のやり直しを一切認めていないからです。遺産分割の変更は、「いったん分割が確定したものを、その後に贈与した」という理屈で、贈与税を課税してくるのです。

こうした税務署の対応は疑問のようにも思えます。第一、民法では「錯誤による遺産分割は無効」と定めています。ですから下手に弁護士などに相談すると、「遺産分割のやり直しは可能です」などと言ってきます。確かに民法上はそういうことになるのでしょう。

しかし実務上はそういきません。「錯誤があったから協議書の内容を変更した」などと言おうものなら、税務署はまずこう言ってくるでしょう。「それが錯誤であったことを立証してください」。

この要求を満たすのは現実的には不可能です。となれば贈与税の餌食となってしまいます。これを裁判に訴えても、裁判所は税務署を勝たせます。

実は私は、税務署のこうした対応はやむを得ないと思っています。税務署がいったん「錯誤による変更」を認めたなら、実際に贈与である場合も、納税者は「錯誤」と言ってくるでしょう。これをやられたら贈与税の体系がおかしくなってしまうからです。

これを裏返していえば、税務署に知られないのであれば「遺産分割のやり直しはOK」ということになります。そしてそれが「錯誤」によるものであれば、民法上も問題ないわけです。

2　分割のポイント

(1)　一般的な分割方法

遺産分割はとりあえず二つに大別できます。ひとつは長男といった家の跡継ぎがほとんどの遺産を相続するという長子相続的なもの。もうひとつはその対極に位置する均分相続的な分割です。そして最近は後者が増えつつあります。

しかし近年はこれらとは別に、**誰が親の面倒を見るか**（**見たか**）が大きなポイントになりつつあるように思います。今日、介護は大変な作業です。むろん親にしてみれば、早々とどこかの施設に入るより、なるべく子に介護してもらいたいと思っているはずです。

私は、基本的には最後まで親の面倒を見た人が遺産の大半（少なくともその住まい）を相続すべきと考えます。であればその人が跡継ぎであるべきでしょう。しかし現実にはそうではない場合も少なくないようです。この調整は難しく、分割の争いはこの辺りから発生するケースがかなりあります。

分割に当たっては、各相続人の現在の状況も考慮されてしかるべきと思います。たとえば事業等に成功して金銭的にも余裕のある人と、生活苦にある人との違いです。

民法の法定相続分の規定など、まさに「大きなお世話」です。全く気にする必要はありません。とにかく皆がいいように、臨機応変の分割を行うべきと思います。

(2) 金融資産の重要性

遺産分割に際して忘れてならないのは、不動産と金融資産では圧倒的に金融資産が好まれるという点です。理由は不動産（たとえば自宅や収益用不動産）がおいそれと換金できないからです。金融資産であれば、いつでも好きな金額を使うことができます。

今日の遺産分割では、**皆が金融資産を欲しがります**。その結果、不動産のほとんどを相続する一方、金融資産は納税資金と遺産分割で使い切った跡継ぎが、老親を抱えて質素きわまる生活をしているケースも少なくありません。

ここで話を大きくしましょう。

相続税を支払った後での「資産10億円の本家」を継いだ兄と、税引き後で4000万円の預金のみを相続した妹（妹夫婦はマイホームを確保済み）がいます。下手をすると、この妹は「兄は私の25倍の資産を相続してうらやましい」などと思っているかもしれません。しかし私は、この場合であれば妹の方がずっとうらやましいと思います。

本家を継いだ以上は、兄の相続財産は広い自宅や賃借人のいる収益不動産といった、現実的には売るわけにはいかない不動産がほとんどでしょう。おまけに金融資産は納税などでスッカラカン。多額の家賃・地代収入があるとしても、その多くがローンの返済に消えます。

本家としての体面やつきあいも必要ですし、やがて来るであろう自分の相続に備える必要もあります。何といっても、親族その他の「周りの目」があります。好き勝手な生活など及ぶべくもありません。結局は従来どおりの「質素一筋」の生活を続けるしかないわけです。

それでも昔のように地価の上昇が期待できるのであれば、将来的な楽しみもありましょう。しかし、地価は下落傾向が続くと予想されています。

一方の妹は、すでに相応の生活をしているところに、好き勝手に使うことができる4000万円もの大金が転がり込んだのです。その使い道に目を光らせるような親戚筋もありません。まさにうらやましい限りです。

いずれにしても、不動産に比べて、金融資産には確固たる優位性があるように思います。

3　遺産分割の一層の工夫

ここで付加価値を付けるような、前向きの遺産分割を考えてみます。ただしこれらは、すべてお互いに信頼関係が築かれている場合に限って可能となります。疑心暗鬼ではうまくいきません。

(1)　**戦略的な分割を**

遺産分割は、単に財産を分ければいいというものではありません。なるべく相続税額を減らせるような分割をするべきです。また将来的に問題の起こりそうな分割は避けたいところです。さらには先々の節税をにらんでの分割も必要となりましょう。いわば戦略的な遺産分割です。

相続税法には、配偶者に対して「**配偶者の税額軽減**」という手厚い税の減額規定があります。配偶者が相続した法定相続分まで（1億6000万円以下ならその全額）に見合う税額を免除するという規定です。したがって、二次相続の状況をにらみながら、なるべくこの規定を生かす分割をしなければなりません。

同じく相続税法は、被相続人の居住地に関して一定の要件の下で330㎡までの土地の評価額を、8割引きにする等の大特例があります。この「**小規模宅地等の特例**」（83頁以下で詳しく説明）を効果的に適用させるには、遺産分割が大きく絡んできます。

土地に関しては、地形をなるべく悪化させないようにしつつ、単独相続とすべきです。つまり兄弟の共有は、将来的に問題を残すので避けなければなりません。双方の意思が合致しない限り、売却その他ができなくなってしまうからです。ただし親と子といった異世代との共有や、兄弟でも売却の話がまとまっているのであればＯＫです。

次に相続税と譲渡所得税の軽減を狙った、戦略的な分割方法をお示ししましょう。

たとえば、相続人が兄弟２人のみで、兄が被相続人と同居していた時価４０００万円の実家を弟と２分の１ずつ相続し、これを売却して金銭で分けようとしているとします。

このような場合には、まず実家の不動産は、そこに住んでいる兄にすべて相続させます。そして売却代金の税引き後（諸経費も控除後）の手取額の半額を、後述する代償分割により兄が弟に交付するという遺産分割にするのです。

するとまず、先の小規模宅地の特例をフルに受けることができます。また実家の売却についての譲渡所得税においても、兄に３０００万円の特別控除等の居住用財産の特例をフルに適用させることができます。

一方、当初から弟が２分の１を相続したのでは、その部分は小規模宅地の特例も、居住用財産の特例も受けることができません。これらの特例は、あくまでそこに住んでいる人が相続・譲渡することが要件だからです。

(2) 代償分割

代償分割とは、ある相続人が特定の遺産を相続する代償（代わり）に、その相続人が有していた資産（通常は金銭）を、他の相続人に支払うというものです。

たとえば、子2人が相続人である場合、母の唯一の遺産である時価1億円の指輪を姉が相続する代わりに（つまりその代償として）、弟に対して姉が自己資金である5000万円を支払うという指輪の分割方法です。

この場合、ともすると指輪の半分を弟が姉に売却したようにも見えます。しかし民法は、これを売買ではなく遺産分割の一種であると定めています。基本的に民法を土台として定められている税法も、当然にこれを遺産分割の一種と認識します。つまり5000万円を取得した兄には譲渡所得税が課されることはありません。

この**代償分割**は、相続対策や節税対策、さらには相続手続きの簡便化等多くの場合に存在価値を発揮します。使い勝手がいいのです。

代償分割は、跡継ぎが不動産のすべてを相続するものの、他にはあまり金融資産がない場合に典型的に使用されます。つまり跡継ぎ自身が所有している金融資産を、他の相続人に支払うことでバランスさせるわけです（先の指輪の例と同じ）。

なおこの代償金は一括支払いに限るものではありません。収益物件からの将来の収入を当て込む等による、年賦払いにすることも大いにあり得ましょう。分割協議には、代償分割をうまく利用する等により、いろいろな工夫がなされていいように思います。

(3) 未分割も一法

遺産分割は一定期間までに必ず行わなければならない、というわけではありません。事実これをやろうにも、もめていて協議が整わなければやりようがありません。そして、円満な関係であっても、あえて分割をしないまま（つまり未分割）にしておく、というのもひとつの立派な選択肢となる場合があります。

仮に遺産が時価1億円程度の広い更地のみで、相続人が四人の円満な兄弟だけであったとします。ただし、駐車場として活用し、相応の収入が得られていることもあって、今これを換金するつもりはありません。また地形の関係上、これを区画割りの上で各自が単独相続することも不可能な状況にあります。

通常このような場合には、兄弟で4分の1ずつの共有で相続することになります。しかし、兄弟の共有は芳しくないのです。こうした場合には、あえて未分割のままにしておけばいいわけです（駐車場収入は4等分）。

遺産分割をしていないのであれば、その後いついかなる時に相続人が遺産分割を行っても問題ありません。であれば、将来のこの4人の状況の変化に合わせて、必要な分割を行えばいいわけです。

たとえば、ある人が事業に失敗して、他の3人がこれを助けてやりたいと思った場合は、その時に苦しんでいる人に多めの割合で分割した上でこれを換金します。一方、4分の1等によりすでに分割がなされた後にこれをやれば、贈与税の餌食になってしまいます。

また、ある人がその後資金的に恵まれたことにより、生まれ育ったこの土地を単独相続したいと考えれば、代償分割により代償金を払えばOKです（譲渡所得税が不要になります）。あるいは先に述べた事例のように、その後に、誰かがここに居住した後に一括売却することとなれば、居住者が単独相続することにより居住用財産の特例を受け、手取額を代償分割により各人に交付するという手法も可能となります。

以上のとおり、こうした戦略的遺産分割は、「格好の頭の体操」と言ってもいいのかもしれません。

第2節　悲惨な「争族」

以下に私が申告をやらせていただいた中から、印象に残る事例を紹介（少し脚色）します。なおそのうちの多くは、私がまとめ役的な立場にいます。

1　「争族」のいろいろ

(1)　ほぼ円満な場合

一般的には、遺産分割は円満かつスムーズに行われるケースの方が多いように思います。ただし円満な家族でも、すんなり分割協議が整うわけでもありません。こんなケースがありました。

超大手企業に勤める現役の会社員が、60歳前に亡くなりました。立派な自宅の他、高額の退職金等を含めた金融資産1億円超が相続財産です。2人の子である姉・弟の嫁ぎ先や就職先も申し分ありません。おまけに母を含めた3人はすこぶる円満。このご家庭は、うらやましい限りの状況にありました。

ところが遺産分割が進みません。2人の子は母にほとんどの遺産の取得を勧めるのですが、母がまるで煮え切らないのです。「この様子だと、何か特殊な裏の事情でもあるのではないか」

と、かなり懸念したものです。そこである時、思い切って母に本音の話を迫りました。聞いてみれば拍子抜け。単に「そんなにもらったのでは、2人の子に申し訳ない」というだけのものでした。しかし本人はこの点を真剣に悩み抜いていたのです。

そこで「そんな心配は無用であること、このケースであればむしろそうすべきであること、民法の規定などどうでもいいこと、今後どちらかの子がピンチになれば母の財産で援助すればいいこと、この財産はゆくゆくは2人のものになること」等をじっくり説明しました。これにより母はやっとのことで納得してくれ、さらには心の底から晴れやかな顔になったものです。

もうひとつ。相続人は母と3人の娘です。かなりの資産家で、多くの賃貸物件を含めいろいろな資産があります。そして4人は信頼関係で結ばれた上で、きっちり法定相続分で分けるという話もまとまっています。

とはいえ平等である3人につき、具体的に誰がどれを相続するかに関しては、そう簡単にはいきません。まず相続税評価額ベース(つまり相続税額)で、ほぼ均等にする必要があります。ただし相続財産の中には、高収益物件もあれば今にも大修繕を要する古い賃貸マンション、さらに今では貧乏神ともいうべきリゾート地まであります。これらの実質的な資産価値(収益性・換金性・将来性等)の面も考えなければなりません。とりわけ賃貸収入の税引き後の手取額には、平等が求められます。

そこでかなり多くの案、さらには修正案を何度も提示しました。これにより（ピタリとはいきませんでしたが）、やっと納得していただくことができました。まさに難しい連立方程式を解くような作業であったように記憶しています。

(2) きな臭い場合

登場人物は仲のいい2人の兄弟です。兄はずっと近県の地方都市に住んでいます。都内の実家の両親は、同居していた弟夫婦が大変な苦労の末に看取りました。そしてかなり広いその実家は相当の資産価値があります。

その兄弟から父の相続税申告の依頼を受けました（母は先に亡くなっています）。当方との打ち合わせはいつも兄弟2人とで行います。聞けば「遺産分割はきっちり半分ずつで行う」とのことです。しかし私は「介護等で大変な思いをした弟は、本当に2分の1で納得しているのか」を、当初から疑問に思っていました。

ある時、やっと弟と2人だけで会う機会があり、この疑問をぶつけたのです。すると彼は明るく「問題なし」と言います。しかしその回答ぶりには、どこか引っかかりを感じます。そこで手を変え品を変え、問い質しました。するとついに、次のような本音が出てきました。

「兄は決して悪い人ではないし、私は彼が好きだ。しかし残念ながら兄は人の気持ちが分からない。兄はあっけらかんと『半分ずつ』と言うけれど、私はやはりそれはおかしいと思う。たとえ5%でも、いや1%でも差が付けば納得できる。何より50%ずつでは、長い間あんなに献身的に介護してくれた女房にすまない。しかし兄弟関係を壊してしまうかもしれないそんな話は、私にはとてもできない」。最後は涙声です。

となれば私の出番です。兄と2人になった時に、おそるおそる次のように話したのです。

〝遺産の確認のためご実家を訪問した際に、弟夫人が「全くの半分ではちょっと……」とポロッとこぼしたのを耳にした。言われてみればそのとおり。だとすれば夫人思いである弟さんも、内心そう思っているに違いない。そこで全くのお節介だが、体裁でもいいから弟さんの割合を増やされたらいかがか〟

兄は一瞬表情を歪めます。しかしすぐに「それもそうですね」と言ってくれました。そこですぐその場で、実家の近くにあった狭い土地を弟の単独相続とし、残りはすべて折半とすることを提案し、合意を得ることができました（これで弟の配分は約54%に）。

その次の打ち合わせの場には、2人はいつもどおりに明るい表情で来てくれたものです。

(3) 深刻な対立

これはギブアップというべき事例です。

父が亡くなり、相続人は妻と長男とその姉2人の計4人です。2人の姉は他へ嫁いでおり、実家の別棟に住んでいる長男夫婦が、母の面倒を見るという形です（なお母はすでに、かなり思考力が失われています）。

となると、最終的には長男がかなりの財産を相続することになりそうなのですが、姉2人はこの流れに強硬に反対します。実は姉2人は、長男の妻と大変に不仲な関係にあります。

何せ長男夫人は、頭や口が抜群に回る上に行動力まであります。長男はこの夫人の尻に敷かれっ放し。姉達には前から、この点もおもしろくありません。遺産分割にしても、長男夫人は直接口出しするようなことはしませんが、長男が彼女に指示されたとおりを主張しているということが、手に取るように分かります。

こうなるともう理屈抜き。姉・弟自体の関係はそれほど悪くなかったのですが、もはや姉2人は、弟の言い分のすべてが気に入りません。これでは遺産分割の合意は絶望的です。弟から申告の依頼を受けていた私は、この容易ならざる事態に頭を抱えました。

とはいえ実は私は、もめ事は嫌いではありません。そこでこの全体像を理解した上で、仲裁役を買って出ました。仲裁役の鉄則は、まずは誰の味方にもならないこと。そして皆が「なるほど！」と思ってくれるであろう着地点をあらかじめ探しておき、そこに誘導することであると思っています。

あらかじめ了解を得た上で、弟と話すときは姉の立場で、逆に姉との折衝では弟の立場で本音の話をします。となるとその場での折衝はかなり熾烈なものとなります。しかし「相手の立場の理解」なくして争いの解決はありません。合意を得るにはこの手法が一番だと考えています。

そしていろいろな折衝の後、ほぼ合意を得るところまでいきました。ところが惜しくも最終段階で壊れてしまったのです（相続税は未分割のままで申告）。そして最終的には裁判になりました。何年か経ってからその後の動きを尋ねましたが、未解決とのことでした。

この件は私の力不足もあって、残念ながら話をまとめることはできませんでした。「感情が前面に出た場合の合意は極めて難しい」ということを、今さらながら痛感させられた次第です。

(4) その他の「争族」事例

この他、遺産分割がもめた事例を三つ紹介しておきます。

●その1

父が亡くなり、相続人は2人の兄弟です。跡を継ぐことを期待されていた兄は、女性問題がからみ30歳過ぎで出奔。その後はずっと弟家族が自宅の別棟に住み、母そして父と両親を看取っていきました。

父の相続に際して全く久しぶりに帰ってきた兄が、古い実家の家に住みたいと言い出しました。さらにその後、兄はおどおどしながらも、敷地の分割による所有までも主張しはじめました。確かに道路付けがいいため、その気になれば親の家と別棟のそれぞれの敷地はうまく分割できます。

聞けば兄はアパート暮らしで、最近は仕事もダメになってきたといいます。その上でその夫人から、金融資産を含め法定相続分の取得にハッパをかけられているとのことです。弟氏は「悪い兄ではないのだが……」と苦悩の表情を浮かべます。さらに「この際、3〜4割なら手を打とうと思うが、いくら何でも半分は……」と言います。

その後、兄が依頼した弁護士が出てきました。弟は「泥沼にだけはなりたくない」という大人の判断により、「ほぼ半分」で決着させました。やむを得ないと思います。

●その2

これも兄弟2人の話です。兄が跡継ぎで、会社員の弟は関西に住みついています。元農家であった東京郊外に位置する亡父の土地の一部には、道路からかなり奥まった無道路というべきかなり広い農地（理屈の上では開発は可能）がありました。

兄弟では相続財産の割合は前から決まっていた（兄が9割）のですが、この農地の評価が問題となりました。遠方にいる弟は、面積が広く開発が可能とされているのだから、価値はかなりあるはずといいます。しかし現実には開発は困難ですから時価は知れたものです。「隣接地と一体で開発すればいい」などという「タラ・レバ」を言われたのではどうにもなりません。

この対立の奥には、昔からの兄弟間にあった若干のぎくしゃくが関係しているようです。しかしそんなことは言っていられません。土地の評価は私の専門領域です。弟が上京した際に2人で会い、本音でこの土地の状況や価値を説明しました。

それでも私が兄から依頼を受けた税理士であることから、私自身に対して相当疑念を持っていたようです。しかし長時間の説明の末に、やっとながらほぼ納得していただけました。これで弟の「1割」の金額も固まり、遺産分割がまとまったわけです。

●その3

祖父から跡を継いだ長男と、そのまた跡継ぎになるはずの孫（28歳）が仕事に励む農家の話です。ところが数年前に長男が祖父より先に63歳で亡くなってしまいました。仕事は孫が一手に引き受けています。そしてその年に祖父が亡くなったのです。相続人は長男の代襲相続人としてのこの孫と、外に出ている次男と3人の娘の計5人です。

この地域の農家では、跡継ぎがほとんどすべての財産を相続するという長子相続的な遺産分割が大半です。むろんこの家もそういう方針が示されていました。そうでなければ農業経営が続けられないのです。

いざ遺産分割の話となると、主人公は年の若い孫です。そこでまず弟から、近年の事業の失敗による借金3000万円に関する返済資金の相続の申入れがなされます。そして孫の弱気の対応を見すかした後は、古くて狭い自宅の買換え資金の数千万円の要求も出てきます。

この動きを見るや、妹達からも「それなら私も」といろいろの要請が出はじめます。弟や妹らは独立や嫁入りに際して、すでに相応の資金を受け取っているにもかかわらずです。

しかしこれらに応じていたのでは、納税資金を含めかなりの土地の売却を余儀なくされます。それでは農業の継続が不可能となってしまいます。

そこでこの件では表に出ることができなかった私は、密かに孫を叱咤激励しました。そしてまず「農業継続可能」を大前提とした上での、各人への配分資金の上限の金額を示します。その上でこの金額を皆で相談して、配分を決めさせるべく助言したわけです。

それでも祖父や長男の存在という重しがない中、若い孫が叔父や叔母の攻勢をくぐり抜けるのは容易ではありません。その後かなり紛糾したものの、孫のがんばりもあって、結局は何とかほぼ足して二で割ったような水準まで押し戻すことができました。

次男らにかなり持っていかれてしまいましたが、深刻な「争族」にならなかっただけでもよかったと思っています。

2　避けたい「弁護士相談コース」

(1)　具合の悪い法律の専門家

遺産分割がどうにもまとまらなかったら、最終的には裁判所の調停に持ち込まれることになります。

最初に遠慮のないことを、一般論としてズバッと申し上げておきます。法律の専門家（裁判官、調停委員さらには弁護士、ついでにいえば公証人）の多くは、どうも人の気持ちがお分かりにならないように思えてなりません。遺産分割にこうした人が介入すると、その多くがとんでもないことになります。

まず諸悪の根源ともいうべき裁判官。彼らは人の気持ちの理解はもちろん、常識もほとんど持ち合わせていません。その上で法律至上主義ですから困ってしまいます。たとえば親をどこまで介護していようが、家業をどれだけ助けていようが、ほとんど考慮しません。跡継ぎも、嫁に行った妹も、ほとんど区別なしです。

結局、何があっても、法定相続分に少しイロを付けたぐらいの判決しか出しません。理由は、単に民法が均分相続と定めているからです。また彼らは、金融資産と事実上売却不能の不動産の区別もつきません。

調停委員は、それなりに常識がある人もいるといいます。しかしそうであっても彼らは裁判官の下にいます。だからどうしても裁判官的な発想（均分相続。土地も金融資産も同じ）になってしまうようです。

いずれにしても、遺産分割について「裁判官なら公正妥当な判断をしてくれるはず」などと思って、裁判・調停などに持ち込んではなりません。そこは**常識・人情がほとんど通じない世界**であるとご認識ください。

(2) 「弁護士への駆け込み」は何としても食い止める

一方、弁護士は、ある程度の常識等は心得ているようです。しかし具合の悪いことに、彼らはお客の利益よりも自らのビジネスを優先しかねません。そのビジネスとは、もめ事を和解や裁判で解決することです。一般に、彼らは「依頼者の利益優先」を錦の御旗に、エゴともいうべき主張を強引に行います。相続人の円満などは、まず眼中にありません。その上で、非常識ともいうべき高額の報酬を持っていきます。

私がこうまで言うのは、「弁護士の介入があってよかった」と言っている人は皆無で、ほとんどの人が「思い出すのもイヤ！」という結果になっていることを知っているからです。

さて兄弟姉妹が3～4人もいれば、中には妙な主張をする人が出てくるかもしれません。ともするとそういう人が弁護士の所へ駆け込みます。駆け込まれたらおしまい。もうまともな話はできなくなります。

ここで誰かに助っ人を頼んでも、弁護士法なるものを口実にして「弁護士以外とは折衝しない」などと言ってきます。やむを得ず高いお金を払って弁護士を頼むと、弁護士同士で談合まがいの話をやられかねません。

となれば遺産分割に当たっては、まず「弁護士への駆け込み」を何としても食い止める必要があります。それには、遺産分割をリードする人間が、多少なりともそうした無理を聞き入れる形で妥協するしかありません。こうした事情は周りの人にも説明して了解をもらいます。そしてこの理不尽さは腹の内にしまい、少なくとも表面的には円満という体裁で分割を行うのです。これであれば、将来の冠婚葬祭等のおつきあいも十分可能となりましょう。

(3) 遺留分の侵害

遺言については後で詳しく見ていきますが、ここでは弁護士との関係から、先に遺留分について述べておきます。

遺言の内容によっては、遺産分割案が遺留分を侵害している場合もあります。むろんその場合は、遺留分までの遺産配分を要求することができます。とはいえ侵害された人の多くは、「自分の遺産がゼロ状態」を納得しているケースが大半のようです。

しかし中にはこれを疑問に思う人、さらには納得しない人もいます。そしてこのうちの少なからぬ人が弁護士に相談をします。となれば弁護士は必ず「遺留分の権利を主張すべき」と言います。たとえ相談者が「本当は権利主張はしない方がいいのかな」と思っていてもです。主張してくれれば、弁護士のビジネスになるからです。

こうなった場合にどうなるかはもうお分かりのことと思います。何より頭が痛いのは、ただでさえ金融資産が不足して困っているところに、金銭での支払いを要求してくる点です（そうであれば弁護士は、成功報酬をすんなり現金で手にすることができます）。先に述べた金融資産と不動産の実質的価値との差など、全く理解していません（もっとも理解していても要求してくるでしょう）。結局いろいろかき回されることになってしまうのです。

遺言が遺留分を侵している場合は、相続人のリーダーは、こうしたことがおきないように、遺留分を侵された人の立場をよく理解し、仮にこれを請求された場合にも臨機応変に対応し（つまり可能な範囲で要請を受け入れる）、少なくとも表面的な円満を崩さないようにすべきと思います。

3 「争族」の回避策

かなり荷が重いのですが、以上を踏まえて、どうすれば円満な相続が可能になるか、一生懸命考えてみましょう。

(1) 円満な分割への基本

いろいろ見てきた中でいえることは、円満な分割に至ったケースに共通なのは、相続人同士の意思疎通がうまくいっている場合です。つまりそれぞれの考えや立場につき、お互いに理解がなされているわけです。

むろん自分の考えや境遇が理解されていないと思えば、相手側に忌憚なく本音で伝えます。自身の弱味であれ強みであれ、これらはしっかり伝えるべきです。信頼関係さえあればすんなり受け入れてくれるはずです。

そしてそれらを踏まえて本音で話し合えば、結論は落ち着くべきところに落ち着きます。月並みではありますが、このような流れでいけば、円満の達成はそう難しいことではないのではないでしょうか。

(2) 親が意向の発信を

とはいえこうした信頼関係が築かれていないからこそ、「争族」の心配をしなければならないわけです。

「争族」回避に最も有効な手だては、親(遺産を遺す人)の意向の発信にあると思います。つまり家族にそれとなく、あるいははっきり口頭で意思を伝えることです。それは書面でもかまいません。

なおここまでいくと「遺言」という話になりそうですが、次節で述べるとおり遺言はあまりお勧めしません。また遺言以外の方法(つまり口頭や書面)での「遺志の遺し方」等に関しての詳細も、次節をご参照ください。

この「**親の意向の発信**」の重要性を、先の事例を題材に考えていきましょう。まず「(2)きな臭い場合」の例(19頁)では、親はなぜ兄に「遺産配分ではやや少なめに」と言っておかなかったのでしょうか。自身は弟夫婦に大変な思いをさせながら介護を受けていたではありませんか。「思いやりの不足」といわざるをえません。

また「(3)深刻な対立」のケース(20頁)です。この親は、姉2人と長男の嫁の不仲やその原因は分かっていたはずです。であれば事前にこの親が遺産の配分を指示しておけば、さしたるトラブルにならなかったはずです。

同じ意味から、「⑷その他の『争族』事例」の●その1（22頁）、さらには●その3（24頁）も、親の意向の発信があってもよかったように思われます。

こうした親の意向はかなりの威力を発揮するはずです。おいそれとはこれに背けるものではありませんし、その内容もそれなりに筋が通っているはずです。したがって相続が開始してから、それらと違う主張をすることはまずできないでしょう。

ただし親は、遺される家族のことをよく考えた上で方針を決めなければなりません。独りよがりを防ぐために、決める前には配偶者をはじめ家族に相談する必要があるかもしれません。とにかく、家族の円満に最も寄与する方法を考えていただきたく思います。

その際に忘れてはならないのは、「自分は誰のどのような介護を受けるのか」という点です。健康なうちに早々と高齢者施設に入居してしまうならともかく、通常の場合は家族の誰かに世話になるはずです。きつい言い方かもしれませんが、「介護を受けると、介護者に大変な迷惑をかける」ということを、しっかり認識していただきたく思います。

また「自分はずっと元気でいた後、あっという間に死んでしまうからそんな心配はない」などという、身勝手というべき発想も許されません。

したがって遺産の配分を考えるに際しては、面倒を見てくれるはずの人に対して、その点をしっかり考慮することが大切です。何よりそれは介護する人の励みにもなります。

(3) **親に意向を発信させる**

ところが実際には、親がこうした意向を示してくれているケースは、あまりないように思います。日本人特有の「照れ性」によるものなのか、「しんどい作業に腰が引けている」のか、「そこまでしなくとも遺族が何とかするだろう」と思っているのか。

しかしそれでは（円満な場合を除き）トラブルが発生しかねません。となれば中心人物なり利害関係人なりが、**親の意向を発信させるように動くべき**です。ましてや「争族」必至というのであれば、関係者が何が何でも親の意向を発信（遺言を含む）させなければなりません。

この点を前述した二つの事例で見てみます。まず「(2)きな臭い場合」では、弟は妻のためにも亡父に進言すべきであったと思います。「自分が多くもらいたい」という依頼がしづらいのは分かりますが、格好をつけている場合ではないと思います。

また「(3)深刻な対立」のケースでも、弟なり姉なりが、親に意向を発信させるべきでした。仮にそこで自身に不利な意向が出てきたとしても、その場で思い直してもらうよう説得することもできます。

対立がかなり深刻な場合には、親の意向に対しても一方から強い異議が示されることもありましょう。その結果いろいろ紛糾する可能性もあります。しかしどうせもめるのであれば、この時です。最大の仲裁者であり決定者である親本人がいるからです。

そしていろいろの言い分が出た後に、最終的に親がエイヤッと決めればいいのです。この段階であれば、親が所有する財産の配分です。誰にも文句は言わせません。これに従わないような動きがあるのであれば、迷わず遺言書を作成すべきです。

同じ決裂でも、ベストを尽くした上でのものであればあきらめもつきましょう。「あの時こうしておけばよかった」という思いだけは、何としても避けるべきと考える次第です。

第3節　遺言について

遺言書作成が静かなブームにあるといわれています。しかし今まで多くの遺言書を見てきた筆者とすれば、「遺言書の作成はいかがなものか」と申し上げたく思います。とはいえ中には、「ぜひ作成すべき」というケース、さらには「ぜひ作成したい」という場合もありましょう。そこでこれらを考えていきます。

1　遺言書概論

(1)　遺言書

遺言とは、死後の法律関係を定める最終の意思表示（単独行為）で、一定の方式に従ってなされ、その者の死亡により法律効果が発生するものとされています。単独行為とは、遺言者の意思表示のみで成立するものをいいます。つまり贈与の場合に必要となる受贈者の「もらいます」といった承諾は不要となるわけです。

その意味から、遺言者はいつでもその遺言の取消しや変更ができます。そして複数の遺言書があった場合には、日付の新しいものが有効（古いものは無効）となります。

遺言書の種類には主に次の2種類があります。

まず「**自筆証書遺言**」は、遺言者がその全文（日付・氏名も）を自署しこれに印を押す、という最も手軽な方法です（書き誤りの修正方法がかなり面倒。だからその場合には書き直すのが一番）。背後に複雑な事情がなく、かつ他の方法が面倒であればこの方法で十分と思われます。なお、平成30年の民法改正によって、遺言に添付する形の財産目録に限っては、自筆ではなく、パソコン等で作成したものでもよいこととされます。

二つめは公証役場の公証人に作成してもらう「**公正証書遺言**」。多少の手間と相応の費用（相続財産に応じて十数万円から数十万円）を要するのが欠点ですが、最も安全で秘密の保持も可能となります。百パーセント確実な遺言を遺そうとする場合には最適です。

この他「秘密証書遺言」（内容を一切誰にも知らせない状況で作成）もあります。しかしこれには保管方法を含め問題が多く、実際にはほとんど利用されていないようです。

(2) 遺言の執行

遺言の内容を実現することを遺言の執行といいます。それにはまず遺言書を家庭裁判所（家裁）に提出して、その検認（一種の証拠保全手続き）を受けなければならないとされていますが（公正証書遺言は不要。また、平成30年の民法改正により、法務局に預けた自筆証書遺言の場合も検認が不要とされました）。

ただし検認は、遺言書の正当性を立証するわけではありません。検認を受けていないからといって遺言が無効になるわけでもありません。とはいえ検認を受けていない遺言書は登記所が受け付けてくれないので、結果として検認は受けざるを得ないことになります。検認手続きは多少面倒で、期間も1ヶ月以上かかるようです。

なお封印のある遺言書は、家裁で相続人の立会いの下で開封すべき旨定められています。したがって相続人のためには、遺言書は封印しておくべきではないように思います。

一般に遺言の内容は、相続人間の利益が相反する場合も少なくありません。また遺言の執行に専門知識を必要とする場合もあります。こうしたケースでは、遺言により適任者を遺言執行者に指定することができます。ただし身内の人でもかまいません。

遺言執行者とは、いわば遺言者の代理人の立場で、遺言の内容を実現していくべき人です。事実、これが指定されている遺言書は少なくないようです。

2　遺言書は書くな

以下の記述は、相続人がほぼ円満な関係にある場合の話です。そうでない場合については後述します。そしてここでの結論は、「**遺言書作成はお勧めしない**」です。

(1)　実は難しい遺言書の作成

私は仕事柄、遺言書のある相続事案をいくつも経験しています。しかし総じていえますが、多くの遺言書の出来映えはあまり良くありません。したがって相続人は、「もっと皆が納得するいい遺産分割のやり方があったのに」と、割り切れない気持ちになってしまいます。

その主な理由は、「遺言書の作成が難しい」ことの認識の欠如です。遺言書の作成自体は簡単かもしれません。しかし相続人の円満に資するようなものを書くのは、次に述べるとおりかなり難しいのです。

遺言者は、遺言書の作成時期にはまだ元気です。そしておそらく「これらの財産は自分のものだ」と考えているでしょう。「これを皆に分けてやるのだ」とさえ思っているかもしれません。実はこうした気持ちが、ともすると遺言書の出来映えに悪影響を与えます。

皆が遺言書を開く時は、遺言者はもういません。この時点では、相続人は「遺産はもう自分達のものであり、皆で相談してこれを配分するのだ」という認識になっています。この時間差が、遺言者と相続人の気持ちにズレを発生させます。つまり遺言書の指示が、「大きなお世話」になってしまうのです。

さらに「遺言を書こう」などと一大決心をする以上は、おそらく何らかの「強い思い」があったのかもしれません。しかしそれがえてして、「思い込み」になっている可能性もあります。ましてや、これが特定の相続人からの要請を反映したものである場合には、もめ事の種を作っているようなものです。

したがって遺言書作成に当たっては、これを開くときの各相続人（さらにはその家族）の気持ちを、十分過ぎるほどに忖度《そんたく》して書かなければなりません。

とはいえ自分がいない状況を想定することや、各相続人の状況やその気持ちを的確に把握することは容易ではありません。これが遺言書の作成が難しい最大の理由であるように思います。

(2) お勧めしない遺言書の作成

遺言書の作成が難しい理由はそれだけではありません（この項もあくまで相続人がほぼ円満な関係にある場合の話です）。

相続財産には、金融資産や不動産等いろいろの種類が混在しています。これを各資産の特性に応じて的確に配分しなければなりません。とりわけ不動産がやっかいです。兄弟の共有は後日のトラブルの元になる等、下手に分けると本来の資産価値を減殺してしまいます。

ましして多額の相続税が課される場合には要注意です。まず、税額軽減特例の適用を受けるためには、特例の規定に合致する配分がなされていなければなりません。さらには、納税資金をどこから生み出すのかという問題も出てきます。不動産の売却では、それに応じた遺産分割がなされていないと身動きがとれなくなってしまうものです。結局、こうした多方面からの要請をクリアーした上で、的確な遺言書を作成するのは至難の業というより他ありません。

遺言書の作成とは、相続開始の何年も前の段階で、遺産分割協議の内容を1人で一方的に決めてしまうことを意味します。しかしその重要な遺産分割協議でさえ極めて難しい、ということはすでに説明したとおりです。

しかし遺産分割の場合には、相続人同士が現実に話し合うわけです。必要とあれば税や不動産に関する専門家の意見も聞きます。その結果、税制の特例や相続財産の特性、納税資金の捻出方法をも含め、現実の問題として真剣に考えます。

こうして直接その場になって皆で知恵を出し合う方が、より良い分割ができる可能性がずっと高くなります。これを何年も前に1人の手によって、相続人による分割協議を凌駕するような遺言書を書くなど、不可能というより他ありません。

(3)「遺言ビジネス」は一層お勧めできない

遺言書の作成に関しては、弁護士や信託銀行に相談の上で作成するケースが多いようです。しかしこうした外部の機関は、当然ながらビジネスで遺言業務を行っています。遺言に関しての相談があれば、とにかく作る方向の話となります。ともすると相続人の気持ちはもちろん、遺言作成者の意図をも追い越すような形で作ってしまいます。

遺言書を形式的（法的）に作成すること自体は、そう難しいものではありません。**「とにかく円満に、さらには有利に」という遺言書の作成が難しい**のです。外部の人に対して、そのような立派な遺言書の作成を期待すること自体が無理というべきでしょう。

相続人全員の合意さえあれば、遺言書を無効とした上で遺産分割協議を行うことが可能です。ただしその場合は、遺志を無視するという後味の悪さが残ってしまいます。さらには「何だ、オヤジはこんな事を考えていたのか」というイメージダウンも生じかねません。

しかしその場合にも、弁護士等が遺言執行者に指定されている場合にはギブアップになりかねません。遺言執行こそが彼らの最大のビジネスです（実質的な報酬は、主に数百万クラスと多額なものとなります）。遺言書の破棄についてそのような執行者がＯＫするとは思えないからです（ただし相手が信託銀行の場合には、熱心に折衝すれば執行者を辞退してくれるようです）。

何度も繰り返しますが、相続にあって最も大切なことは、遺った家族の円満です。むろん被相続人の想いも同じはずです。したがって遺言書は、「円満」の達成に貢献すべき存在でなければなりません。

3　作成すべき場合

前述のとおり「遺言書の作成はお勧めできない」は、家族が（多少のぎくしゃくはあるとしても）ほぼ円満な状況にある一般的な場合の話です。したがって以下のような特有な事情がある場合には、遺言書はぜひ作成すべきこととなります。

(1) 作成すべき場合とは

遺言を作成すべき場合の代表例は、家族内部に深刻な対立・もめ事がある場合です。このような場合には、なるべくどちらにも肩入れせず、どのような配分が最も双方のしこりが少なくなるかを中心に考えるべきと思います。

相続人らが特殊な身分（家族関係）にある場合にも、遺言の必要性は高くなります。

まずは夫婦間に子がいないとき。この場合に夫が死亡すれば、妻は日頃疎遠にしていた夫の兄弟達と、遺産分割の折衝をする必要が生じます。これは大変な心労を要します。しかし「配偶者にすべてを相続させる」との遺言があれば、一件落着です（兄弟には遺留分なし）。また婚姻届を出していない事実婚（内縁関係）であれば、戸籍上は他人となってしまいます。このケースでも遺言は必須です。

嫁に入った先で夫の親と同居していたところ、子ができないまま夫が死亡し、その後も高齢の親を助けつつ同居を続けている、といった場合も遺言が必要です。義親が死亡すれば、相続人ではないこの嫁は、遺産に無縁な存在として放り出されかねません。

この他、そもそも法定相続人がいない場合、推定相続人に行方不明者がいる場合、離婚や再婚を繰り返す等により親族関係が複雑な場合、相応の資産家が高齢になってから再婚する場合等、身分関係に起因して遺言を必要とする場合は少なくありません。

また、個人事業を特定の者に継がせる場合にも、遺言が欲しいところです。事業関連財産は、たとえそれが遺産の大半であっても、そのすべてを承継者に相続させる必要があるからです。

これら以外にも、障害を有する子がいる場合、相続人ではない者に財産を遺そうとする場合、その他特殊事情がからんであらかじめ財産の配分を決める必要のある場合も、遺言が必要となります。

なお、社会が複雑化している今日、遺言の制度は必ずしも財産の承継に関して世の中のニーズに応えきれていないようにも思われます。さまざまなニーズに応えるべく、近年は家族信託が注目されつつあります。この家族信託については、後述します。

(2) 作成すべき場合の対応

このように各種の事情が介在する場合は、遺言書はぜひ作成すべきです。しかも公正証書遺言により、その効力を確実なものにしておく必要があるでしょう。そしてこのようなときは、信託銀行等の「遺言ビジネス」の出番があってもいいのかもしれません。

とはいえこうした場合でも、近年この分野に力を入れている行政書士や司法書士をお勧めします。少なくとも信託銀行や弁護士よりもトータルの報酬はずっと安いし、より依頼者への立場を重視してくれるように思います。さらに弁護士から受ける心理的な圧迫感が少ないのは何よりです。

また、信託銀行の遺言信託の本当の狙いは、不動産売却による仲介料の収受にあることを知っておく必要もありましょう。

なお先に、私は弁護士らに激辛の点数を付けましたが、その大なる理由は「円満や一家の絆」を優先すべき場合にもかかわらず、強引に「法律や理屈」を持ち込もうとする点にあります。

もっとも、ここで述べたような「身分を含む特殊事情に基づき、どうしても争わなければならない」というケースであれば話は違います。つまりこれは「法律や理屈」の分野です。したがってこうした場合こそ弁護士の出番となります。

4　遺志の遺し方

(1)　遺言書以外の形で遺志を遺す

とはいえ「自分の財産はこう配分してほしい」、という希望をお持ちの方もおられるものと思います。いやそれ以前に、「争族」防止の観点から遺志を遺すべき場合も少なくありません。しかしあくまで、それらの「希望」等は独りよがりのものであってはなりません。

財産分けに関しては、元気なうちに、口頭で「こう分けたらいいと思っているのだが……」といった形で、配偶者らにソフトに提案することが現実的と思われます。そしてその際には、相続人の考えや反応をしっかり把握し、必要に応じて方針を調整していきます。その上で最終的な結論を導き、これを正式な方針（希望）として皆に伝えておくわけです。

この方針は、書面にしておけばより明白となります。いわば法律的には無効の「自筆証書遺言」です。書くスタイルは何でもOKです。また法律的な効果も関係ありません。相続人にその気持ちが伝われば十分です。

書くに当たっては、近年一部に広まりつつある**エンディングノート**が便利かもしれません。これは高齢者が、自分の遺志や遺族のためになること等を書き残すためのノートで、何種類かが市販されています。たとえば自分への介護・終末医療・葬式等についての希望、遺産の内容やその所在（金融資産の明細や証券・印鑑等の所在）、また場合により、簡単な自分史等を書き綴るものです。そしてその一環として、遺産分割についての自分の考えや希望を書き記しておくわけです。

口頭であれ書面であれ、こうした被相続人の遺志が遺されていれば、それは遺産分割協議の際に当然に尊重されましょう。相続人はその遺志を参考にしつつ、全員の納得が最も得られやすい、自由な財産分けを行うことになります。このいわば当たり前ともいえるやり方が、「**遺志と円満**」**を両立**させる最も優れた方法であるように考えます。

(2) 遺言書の書き方

それでも遺言の形で遺志を明白にしておきたい、という場合もありましょう。こうした場合を含め、一般的に遺言書はどう書くべきかについて考えてみます。

特殊事情等によりどうしても遺言書を作成しなければならない場合は、やはり公正証書遺言がいいでしょう。そして作成理由が前回説明した身分関係に起因する等、「必ず作成しなければならない場合」であれば、公証人のアドバイス等に基づき、そうした事情を踏まえた機能的な内容のものを作るべきと思います。

しかし事業を特定の承継者に相続させる場合や家族内部に深刻な対立がある場合等、身分関係以外の特殊事情による場合では、遺言書は単に作ればいいというものではありません。そうした特殊事情を踏まえたものであることを、相続人全員に十分に納得させなければならないからです。

さらにこの納得は理屈のみならず、感情的にも納得・理解を得たいところです。有り体に言えば、「オヤジは皆のことを、ここまで考えてくれていたのか……」と、相続人を感動させ、泣かせるくらいのものであってほしいと思います。

それには、遺言書の文章が何より大切です。とりわけ遺産配分を書き終えた後の「**付言事項**」がポイントとなります。まずは自分の人生への相続人による支えに謝意を示します。その上で、なぜこのような分割をしたかに関して、自身の心情を相続人の心に響くように記すのです。この際、多少の作文もいいでしょう。

なお、「やはり自分で書くのは自信がない。誰か専門家に相談したい」という場合であれば、やはり近年この分野に力を入れている行政書士や司法書士をお勧めします（ネットで探せばＯＫ）。

いずれにせよ、おそらく一生に一度の「相続人に遺す遺志の表明」です。相続人の円満を基調としつつ、これをどのように遺すかは工夫のしどころといえましょう。

5　家族信託

今日では高齢化の進展とともに家族関係も多様化しており、遺言では表現できない多様なニーズも生まれています。こうした問題を解決する可能性を有する制度として注目されているのが、家族信託です。ここでは、「遺言」の延長線としてこの家族信託を簡単に紹介します。

(1)　信託の仕組み

信託制度は、欧米では個人資産のさまざまな管理・運用さらには相続の手法として、100年以上にわたり工夫・活用され続けてきています。日本は、平成20年の信託法の大改正により、やっとその緒に立ちました。

家族信託は家族関係を中心とする信託であり、典型的な民事信託（非営利）です。つまり信託銀行が行う信託業務（営利事業として行う商事信託）とは全く異なる存在です。まずはこの家族信託の仕組みを簡単に紹介しましょう。

そもそも信託とは、財産を所有する委託者が、その財産の管理・運用等を受託者に任せ、任された受託者は受益者のために管理等を行うというものです。つまり登場人物は、**委託者**（頼む人、A）、**受託者**（頼まれる人、B）、**受益者**（利益を受ける人、C）の3人となります。

家族信託は、関係者で信託契約を締結することにより比較的簡単に組成することができ、契約内容もかなり自由です。典型的な例を示すとこうなりましょう。

高齢で認知症が心配な父を委託者Aとして、Aがその長男を受託者Bとして、金融資産や自宅、賃貸住宅等財産の管理等（売却も対象）を託します。そして受益者Cは、父の生存中は父としますが、父に相続が発生した場合にはこれを母Cに変更します。さらにその後母Cが死亡した時点で信託を終了させ、残余財産を相続人が適宜配分する、といった内容とします。これを信託契約として父と長男で締結するわけです。

ただし、ここで重要となる（ネックとなりかねない）のは、信託するに際しては、委託者Aが信託する**財産の名義を受託者Bに変更しなければならない**点です。不動産であれば登記名義をBに変更する必要があります。そしてBはこの登記名義に基づき、所有者としての立場でこの不動産の管理・運用・処分に当たるわけです。

とはいえこの所有名義は形式的なものとされます。つまり、実質的な（民法上・税法上の）所有権は受益者C（委託者Aではありません）に移ったと認識されます。こうした経緯や事実は、登記簿（登記事項証明書）上で明らかにされます。

したがって、A→B→Aという委託者と受益者が同一の信託（これを**自益信託**といい、実際には当初段階ではこの自益信託がほとんど）であれば、単に形式的な名義が受託者Bに移っただけということとなります。しかしこれがA→B→Cとなれば、実質的な所有権がAからCに移転したこととなります。そのため後者の場合、税法では信託財産がAからCに贈与されたとして、Cに贈与税が課税されます。またAの死亡によるCへの移転であれば、通常と同じく相続税の対象となります。

このように、家族信託は実質的に遺言と同様の効果を発揮します。さらに、遺言では困難とされる二次相続者を指定する「**跡継ぎ遺贈**」（次項でお話しする受益者連続型の信託）までもが可能となっています。

前述のとおり、税法は家族信託における所有権の移動についても、通常と同様に相続税や贈与税を課税します。つまり家族信託を利用しても、税法上はメリットもデメリットも生じません。ただし、家族信託による名義書換に対する登録免許税の負担は、通常の所有権の移転と比べると、大きく軽減（不動産取得税はゼロ）されています。

(2) 想定される活用事例

では先に示した典型事例以外の、いくつかの活用方法をお示しします。この事例で家族信託の守備範囲の広さを実感してください。

①**受益者連続型**

夫が財産を築きましたが、子はいない夫婦がありました。夫は考えます。「自分の死後は妻に私の遺産をフルに使ってもらいたい。しかし妻の死後は、その残った財産は妻側の親族ではなく自分の親族に譲りたい」。

この希望は遺言では達成できません。夫の死後、妻が遺産を夫の親族に遺贈するという遺言を書いてくれるかどうかが分からないからです。

そこで夫は委託者となり、信頼できる自分の甥を受託者として自身の財産を信託し、第一受益者として自分を指定します。そして自身の死亡後の第二受益者を妻。妻の死亡後の第三受益者を夫の親族に指定するという信託契約を作るのです。

この事例は、いろいろなケースに応用できます。

たとえば先妻との間に子がある人が再婚した場合です。その後、妻との間に子がいないのであれば、おそらく「全財産は後妻に遺すが、後妻の死後は前妻との子に財産を渡したい」と考えるでしょう。これも先の手法の応用で可能となります。

②**不動産の管理・売却**

たとえば子が男3人で財産がアパート1棟のみである場合、「相続割合は平等とするが、管理や将来の売却を考えると共有で相続させるのは考えもの」というケースがあります。売却等に関しては、3人の意見が一致しない限り身動きが取れなくなるからです。

このような場合には、不動産に一番強い者（たとえば長男）を受託者として、このアパートを信託することをお勧めします。むろん当初受益者は父で、相続開始後の第二受益者は三兄弟（受益権の割合は3分の1ずつ）です。特に信託期限は設けません。

これでアパートの管理は長男単独で行います。またアパートの老朽化に際しては、長男単独の判断で建替えなり売却なりが可能となります。次男らはこれらに口出しはできませんが、3分の1ずつの収益や売却代金の配分を受けることになります（売却代金の配分で信託は終了）。

今度は、兄弟3人による共有アパートの話です。3人は円満な関係にあり現在は問題ありません。しかし病弱な長男に相続が発生すると疎遠な長男の子（相続人）が共有者として登場し、難しいことを言い出しかねません。

そこで長男は自身の持分を不動産に強い三男に信託し、当初受益者を長男、その死後の第二受益者を長男の子とします。これで先のケースと同様の効果が生じることとなるわけです。

③株式贈与など

今度は優良会社の経営者の話です。この会社は優良なだけに、その株式がかなりの相続税評価を受けてしまいます。ところがある年、会社に巨額な損失が生じてしまいました。そこで社長は考えました。「今なら株価がメチャ安い。この機に大半の株式を跡継ぎの長男に贈与してしまおう」。

しかしこの手法は、相続税対策としては効果的ですが、下手をすると長男に経営権を奪われてしまうという懸念も生じます。そこで信託の出番となります。

つまり委託者の社長が、自分が所有する自社株を、社長自身を受託者、長男を受益者として信託するのです。自身が受託者（これを自己信託といいます）ですから経営権は安泰です。一方、税法上の株式所有者は長男に移転するため、長男には贈与税が課されます。しかし株式の評価額が大きく下がっていますから、それほどの負担にならないというわけです。

一般に、相続人となるべき子には障害者を有する人を含めいろいろな人がいます。中には定職に就かないままの浪費癖のある人やギャンブル等の依存症の人もいるでしょう。しかし、親としてみれば子は等しく可愛いものです。そして、子の将来が気がかりでならないはずです。

そうであればあるほど、この信託が威力を発揮します。気がかりな子を受益者とし、相続財産を頼りになる人に託すのです。受益権割合は受託者分を含め適宜決めればいいわけです（信託終了時期を適宜定めておくことも考えられます）。

いずれにしても家族関係は千差万別。それぞれのご家庭の事情に応じた独自の家族信託を工夫されてみてはいかがでしょうか？

(3) 家族信託の意外な欠点

一見いいことずくめの家族信託ですが、大きな欠点があります。登記所や金融機関（特に登記所）が家族信託に意外に冷淡なのです。

まずは登記所。登記所は、不動産の受託者への名義変更登記にはすんなり応じてくれます。しかし、受託者が信託契約に基づきこれを売却しようとしても、すんなり応じてくれないことがあるようです。

それは、主に信託契約書等（実際はそれに基づいて作成される登記原因証明情報）の文言があいまいである場合のようです。登記所としては、「取引の安全を図る」必要があります。そのため、不動産売却を前提とする信託契約書の条項は、かなり工夫を要するものとなります。

ただし、不動産売却を前提としない家族信託であれば、前述した受益者連続型信託を含め、イメージどおりのものが実行可能と思われます。

後年の不動産売却を前提とした信託契約は、家族信託にかなり精通した司法書士等の専門家でなければ対応できないと思われます。一般の弁護士は全く期待できないでしょう。

また、公証人でさえ、家族信託に関しては通り一遍の知識しかないようです。「信託契約を公正証書にしてくれ」と依頼すればやってくれますが、公正証書だからといって、内容に関して特別な意味を持つわけではありません。

なお、近年、これを好機としてあれこれ誘いをかけてくる新手のビジネスもあるようですが、これらには警戒が必要です。

また、金融機関も家族信託に何かと冷淡です。委託者（父など）名義の預金等をそのまま受託者（長男など）名義に変更してくれないのです。

しかし、実務上は信託設定時に、父の預金を解約等により払い出して、長男名義の信託口通帳（ただし税務署による贈与の認定の防止策として、通帳の表紙に信託財産であることの明記を要します）に入れてしまいます。したがって、預金に関しては、受託者が信託財産を動かすことには特に支障は生じません。

何よりも、家族信託の最大の欠点・弱点は、受託者を任せられる頼りがいのある人が身内にいなくてはならないという点かもしれません。逆にこのような人に心当たりがあれば、積極的に家族信託を考えてみるのもいいのではないでしょうか。

第2章

相続税対策 総論

肝に銘じるべきいくつかのこと

はじめに

本章では、具体的な相続税対策に入る前の段階で、是非知っておいていただきたいお話をさせていただきます。

まずは相続税制の最大の特徴である累進税率についてです。この仕組みを知ることにより、節税対策の持つ本質的な意味を理解することができます。一見すると難しい内容に見えてしまうせいか、類書にはこの相続税特有かつ極めて重要な内容が全く書かれていません。ただし本書は、この本質をグラフや図により一目でお分かりいただけるように工夫しました。

次に「最大の相続税対策は何か」を考えます。実はその回答は「腕のいい税理士を選択すること」にあります。何やら笑ってしまいそうな結論になっていますが、これを大まじめに論じていきます。「どの税理士に頼んでも評価額や税額は同じ」などという考えは、相続税における最大の誤解というべきものです。

第1節　アッと驚く累進税率の仕組み

相続税、とりわけその節税を考える場合には、**相続税の最大の特徴である累進税率**（累進課税）の理解が極めて重要となります。

そこで以下に、アッと驚く累進税率をグラフなどに示しながら、分かりやすくお伝えします。

1　累進税率とは

(1)　相続税額の計算法

税率を大別すると、比例税率と累進税率の2種類があります。**比例税率**は課税対象額の多寡を問わず税率が一定のもの。たとえば8％の消費税、つまり100円のあめ玉であれ500万円の新車であれ、税率は同じ8％と単純明快です。

一方**累進税率**は、図表2―1の税率表が示すとおり課税対象額が増えるにつれて、税率が10％、15％、果ては55％までとどんどん上がっていく（累進する）税率です。累進税率を採用しているのは、所得税とこの相続税及び贈与税の3種類だけです。

累進税率の意味するところは、高額所得者や大資産家ほど、高額の税金をご負担いただこう、というものです。いわゆる所得等の再分配機能を担っているわけです。そしてこの税率構造の複雑さが、所得税や相続税を難しいものにしています。

では、さっそく累進税率による税額の計算方法を確認してみましょう。事例として、遺産が1億8600万円で、法定相続人がA氏という子1人の場合を取り上げます。

まずは基礎控除（3000万円＋600万円×法定相続人の数。この場合は3600万円）を差し引きます。つまり課税対象額は1億5000万円です。

本来はこの金額について、図表2－1の相続税の税率表で計算するのですが、後述のとおりこれはやたら面倒になります。そこで実務上、この税率表のアンチョコともいうべき図表2－2の**速算表**に当てはめます。

すると1億5000万円は速算表の「1億円超～2億円以下」に該当するので、税率40％、控除額1700万円を適用します。つまり求める税額は算式のとおり4300万円となります。

(2) 累進税率の仕組み

さて、ここから少しややっかいになります。面倒と思われれば斜め読みしていただいてもかまいませんが、少しご辛抱いただけると理解の質がグッと高まります。

先の課税対象額1億5000万円の税額は、本来は図表2－1の税率表で計算すべきものです。この表の意味するところは、1億5000万円のうち、はじめの1000万円まではその10

図表２－１　相続税の税率表

課税対象額	税率
1,000万円以下	10％
1,000万円超～3,000万円以下	15％
3,000万円超～5,000万円以下	20％
5,000万円超～１億円以下	30％
１億円超～２億円以下	40％
２億円超～３億円以下	45％
３億円超～６億円以下	50％
６億円超	55％

図表２－２　相続税の速算表

課税対象額	税率	控除額
1,000万円以下	10％	－
1,000万円超～3,000万円以下	15％	50万円
3,000万円超～5,000万円以下	20％	200万円
5,000万円超～１億円以下	30％	700万円
１億円超～２億円以下	40％	1,700万円
２億円超～３億円以下	45％	2,700万円
３億円超～６億円以下	50％	4,200万円
６億円超	55％	7,200万円

●法定相続人が子１人の場合の相続税額
①基礎控除3,600万円を差し引く
　→課税対象額は１億5,000万円
②課税対象額１億5,000万円を図表２－２の速算表に当てはめる
　→税率40％、控除額1,700万円を適用
　　　　　　⇓
　相続税額＝１億5,000円×40％－1,700万円＝4,300万円

●累進税率の仕組み

1,000万円×10％＋2,000万円×15％＋2,000万円×20％
　＋5,000万円×30％＋5,000万円×40％
＝100万円＋300万円＋400万円＋1,500万円＋2,000万円
＝4,300万円

図表２－３　累進税率

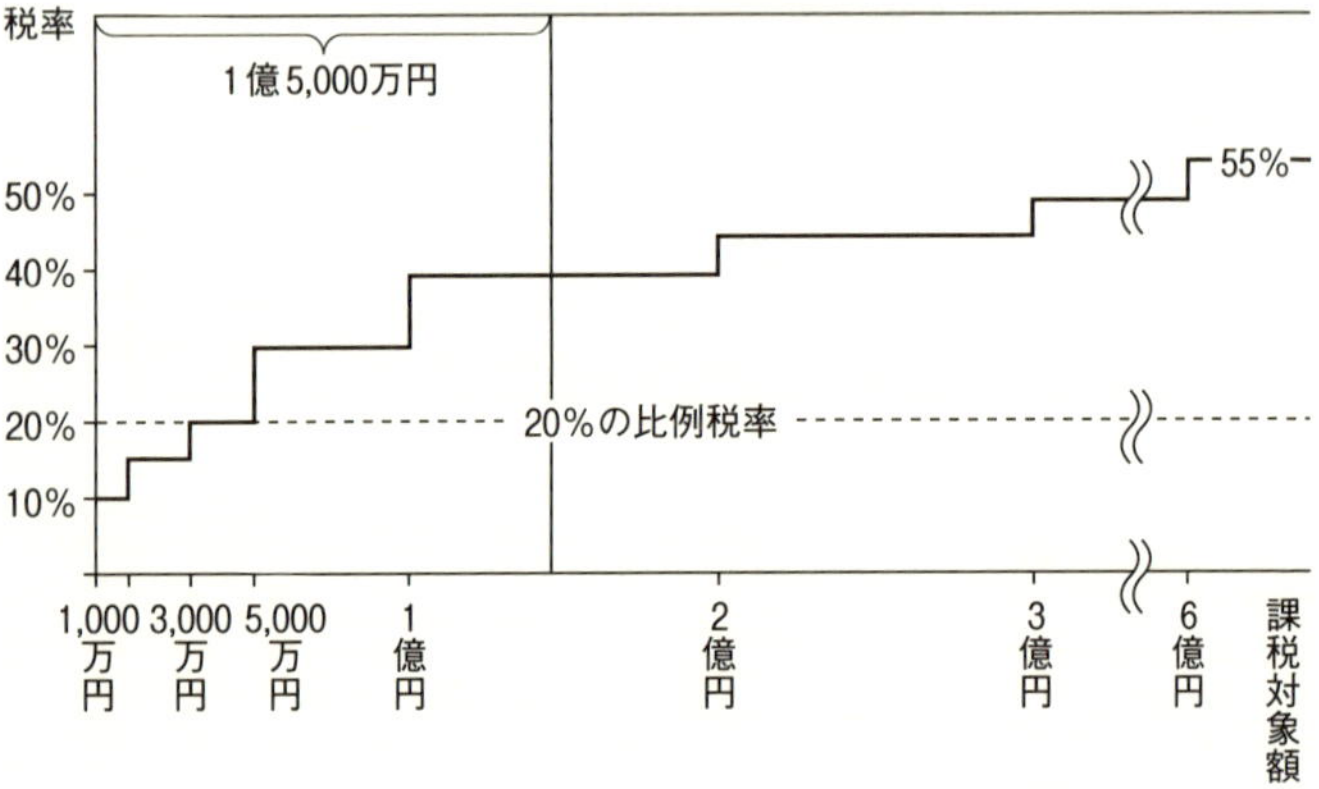

％、次の１０００万円から３０００万円までの２０００万円についてはその15％、以下５０００万円までの２０００万円は20％、１億円までの５０００万円は30％、残りの５０００万円は40％の税率をそれぞれ乗じて、それらをすべて合計せよ、というものです。算式は上記のとおりです。

　しかしこれではあまりに面倒、というわけで図表２－２のアンチョコ（速算表）により簡便に計算しているわけです。

　この税率表は、グラフに表すとその実像が分かります。縦軸に税率、横軸は課税対象額です。

図表２－４　遺産が１億 8,600 万円、法定相続人が子１人の場合

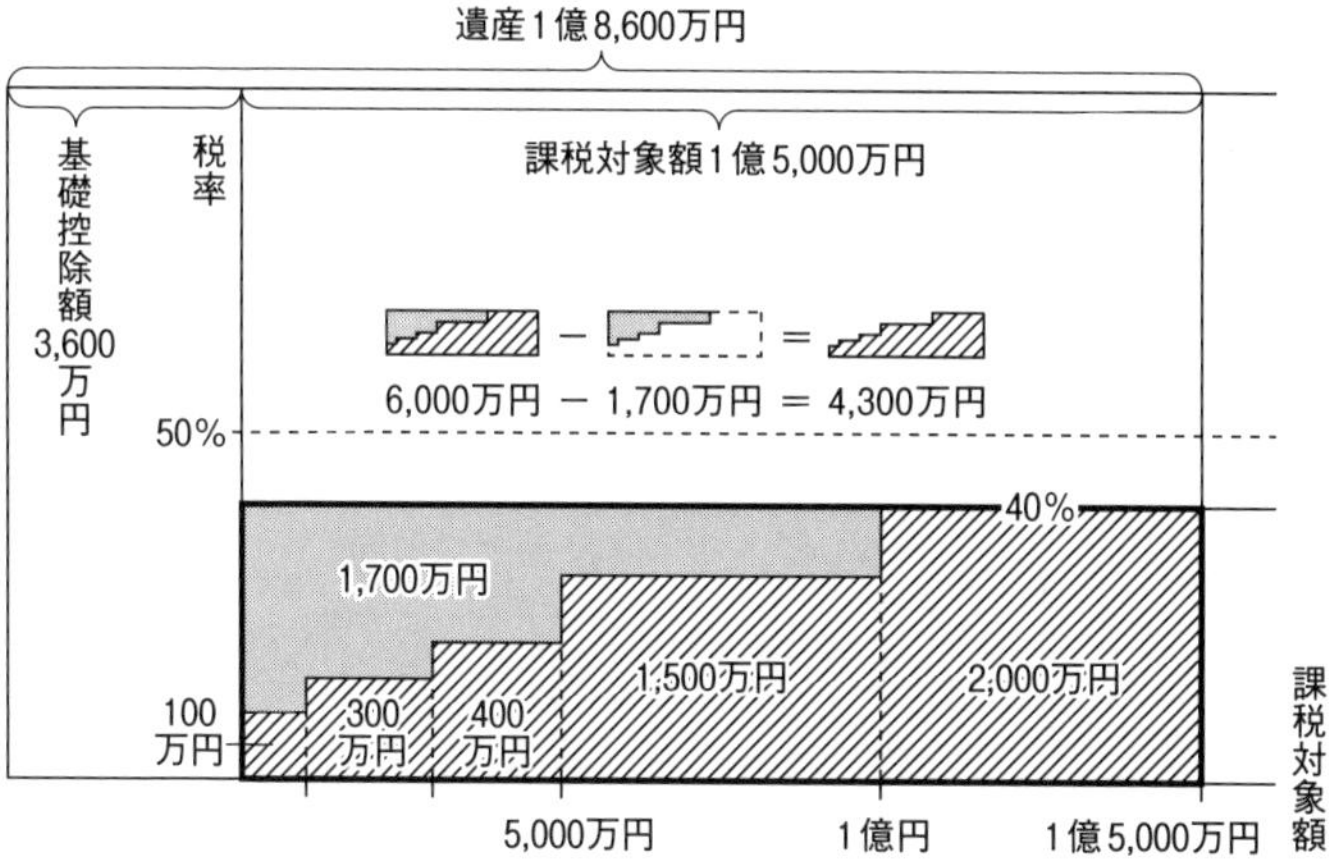

すると1000万円までは10%、次の3000万円までの2000万円は15%、以下同様に55%までを示すと図表2―3の階段状のグラフができます。これが累進税率の実態です。参考までに20%の比例税率（譲渡所得税率がほぼこれに該当）も点線で示しておきます。これは単一税率ですから図表のとおり水平になります。

では当初の事例をグラフに示してみましょう（図表2―4）。するとグラフの下側に示されている個々の長方形を合計（これが先の面倒な計算式そのものです）した階段状の斜線部分が求める税額の4300万円となります。

さて、先の速算表の計算は「1億5000万円×40%－1700万円＝4300万円」でした。この算式の「1億5000万円×40%」はグラフの太枠で囲った6000万円部分に該当します。そこから、階段状のグラフの上の部分1700万円を控除することで、相続税額が算出されます。これが、速算表の考え方です。

(3) 限界税率

ここまでご理解いただければ、これ以降は楽勝です。これらを前提に、累進税率の驚きの実像をお示ししていきます。

ところで先の事例の相続人A氏はこう考えているかもしれません。「課税対象額1億5000万円に対して相続税額は4300万円。つまり税率は約28・7％（4300÷1億5000）か…」（ここでは基礎控除の存在は無視します）。

さて、A氏がある節税策を講じ、それが功を奏したことにより、課税対象額が1000万円減少したとします。そこでA氏は「私の税率は28・7％だったから、1000万円の減少により税額は287万円減ったはず」と考えました。果たしてこの考えは正しいでしょうか。

いいえ、正しくありません。私はこの場合の税の減少額はすぐ分かります。本当の減少額は400万円になります。念のため速算表で確認してみましょう。

なぜすぐ分かるかというと、これらに適用される税率が同じ40％だからです。40％の適用税率で1000万円減れば、税額は400万円減るのは当然です。この一番高い部分の税率のこと

●相続税の減少額の考え方
①課税対象額1億4,000万円の税率は40%、控除額は1,700万円
　1億4,000万円×40%－1,700万円＝3,900万円
②相続税の減少額は…
　4,300万円－3,900万円＝400万円

図表2－5　累進税率における節税効果

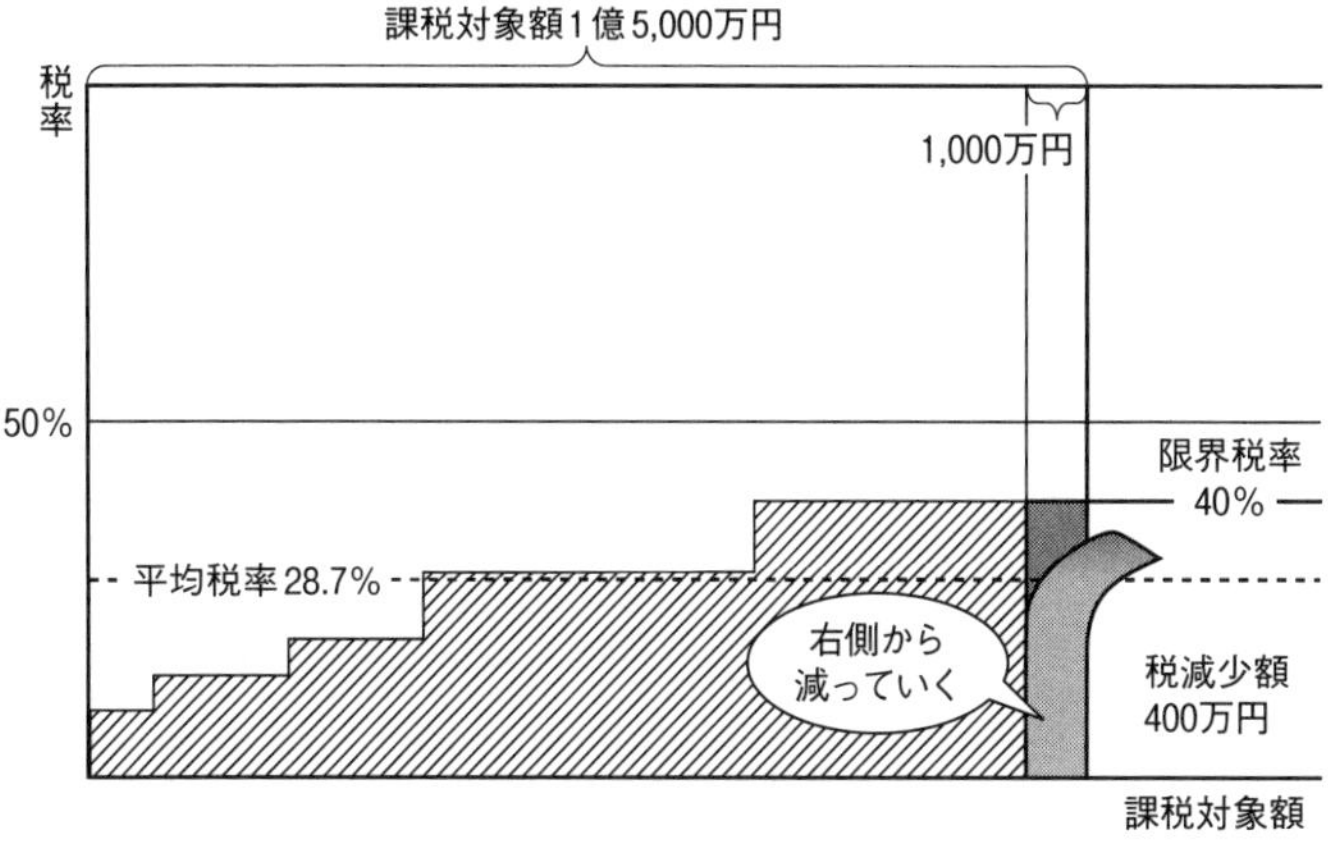

を、私は**限界税率**と名付けています。

この過程は、図表2－5のグラフを見れば一目瞭然です。課税対象額の増減はグラフの右側で生じます。ここで1000万円減れば、それに適用されている税率（限界税率）である40%の税額が減るのはお分かりいただけましょう。

では先の28・7%（287万円）は何だったのでしょう。

そこでこの28・7%をグラフに点線で示しました。つまりこの28・7%は比例税率の考え方です（この税率を平均税率ということ

とします）。３９００万円の税額は、１億５０００万円×28・７％という長方形の面積で求められたものではありません。あくまで累進税率の階段状の面積として算出されているのです。

つまり**課税対象額の増減による税額の増減は、限界税率が適用されるため一般に思われるものよりも大きなものになります。**課税対象額が増減するグラフの右端（つまり限界部分）の限界税率は、必ず平均税率よりも高いからです。

２　法定相続人の数が増えると

⑴　相続税の総額の計算方法

今までの話は、法定相続人がA氏１人の場合でした。今度は課税対象額が同じく１億５０００万円で、法定相続人が２人（弟のB氏がいる）の場合を考えてみます（ただしこの場合の基礎控除額は４２００万円になりますから遺産総額は１億９２００万円が前提です）。

この事例に基づき、相続の総額の正式な計算方法を、次頁にお示しします。

この３１００万円という税額は、先の相続人が１人の場合に比べて８００万も少なくなっています（基礎控除を考慮すれば、税額はもっと減ります）。

この違いは計算の③にあります。つまり課税対象額にすぐ税率を乗じるのではなく、これを法定相続分で配分したと仮定した場合の数値（７５００万円）に税率を乗じるのです。そうであれ

●法定相続人が子２人の場合の相続税額

①基礎控除額の計算

3,000万円＋600万円×２人（法定相続人の人数）＝4,200万円

②課税対象額の計算（基礎控除額を差し引く）

１億9,200万円－4,200万円＝１億5,000万円

③法定相続分に応じた各人の取得額（課税対象額を法定相続分で分けた場合の、各人の取得額を計算する）

１億5,000万円÷２人＝7,500万円

④各人の税額の計算（各人に速算表を適用）

7,500万円×30％－700万円＝1,550万円

⑤相続税の総額の計算（上記④を合計）

1,550万円×２人＝3,100万円

図表２－６　遺産総額が１億 9,200 万円、法定相続人が子２人の場合

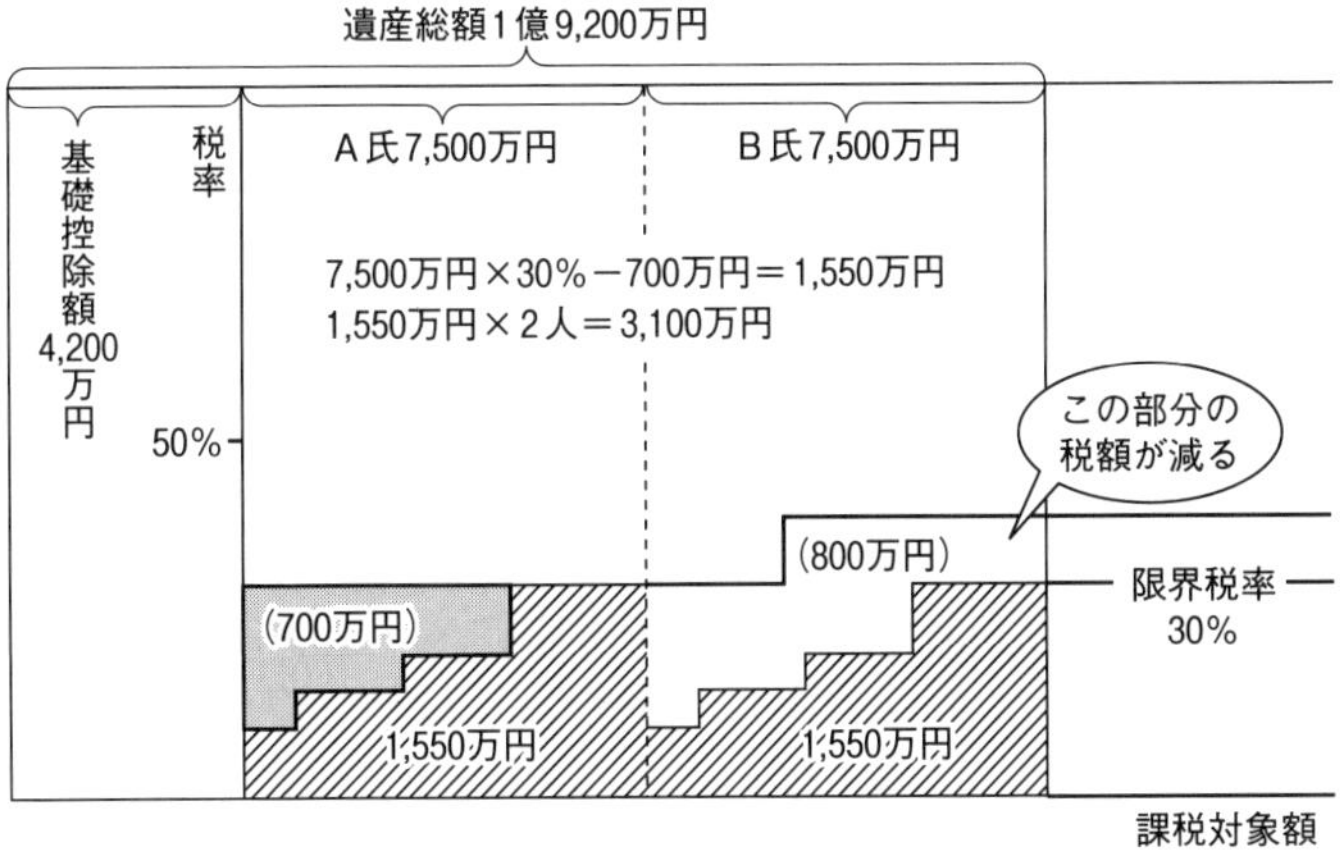

ば累進税率の特質により税額はかなり下がります。「③で2分の1にしても⑤で2倍にするのだから同じはず」というのは比例税率の発想です。

グラフに示せば一目瞭然です（図表2－6）。同じ1億5000万円でも、これが半分に区分された額に累進税率が適用されるからです。

では、なぜこのように法定相続人が増えると税額が減るのでしょうか。その理由は、相続税法が遺産総額の多寡ではなく、個々の相続人がいくら取得するかに着目しているからです。

つまり相続人が1人であれば遺産を独占できます。そのような多額の遺産を相続した者には高い税金を課そうとします。しかし、相続人の数が増えていけば、1人が取得する財産は減っていくため、税率も低くなっていくのです。

なお、A・Bの2人が遺産をどのように配分しようと、相続税の総額は変わりません。仮に2人が7対3の割合で遺産を配分したとすれば、相続税の総額である3100万円を2人が7対3の割合で納付するだけのことです。

(2) 相続人の組み合わせによる違い

では課税対象額が同じ1億5000万円で法定相続人が子4人の場合を考えてみましょう（基礎控除は無視）。

●法定相続人が子４人の場合の相続税額

①法定相続分に応じた各人の取得額（課税対象額を法定相続分で分けた場合の、各人の取得額を計算する）

　１億5,000万円÷４人＝3,750万円

②各人の税額の計算（各人に速算表を適用）

　3,750万円×20％－200万円＝550万円

③相続税の総額の計算（上記②を合計）

　550万円×４人＝2,200万円

図表２－７　課税対象額が１億 5,000 万円、法定相続人が子４人の場合

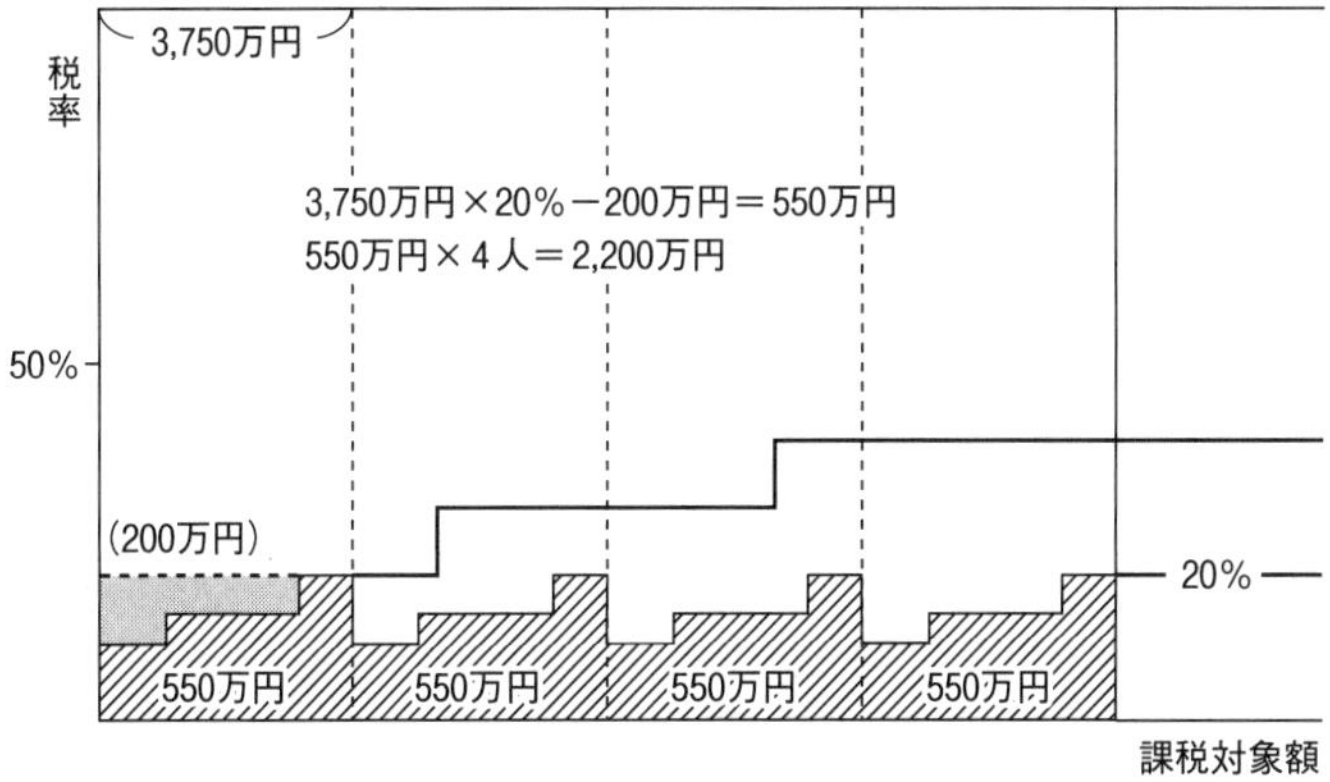

もう皆さんは、グラフのイメージが湧いているのではないでしょうか？　それが正解です(図表2―7)。

あれよあれよの減少幅です。限界税率も20％にまで下がっています。法定相続人の人数の威力をまざまざと示しています（繰り返しますが、基礎控除額を考慮すれば、差はもっと拡大します）。

となれば「養子縁組により子の数を増やそう」と考える人が出てきます。たとえば実子が1人の場合で3

図表２－８　課税対象額が１億 5,000 万円、法定相続人が配偶者と子２人の場合

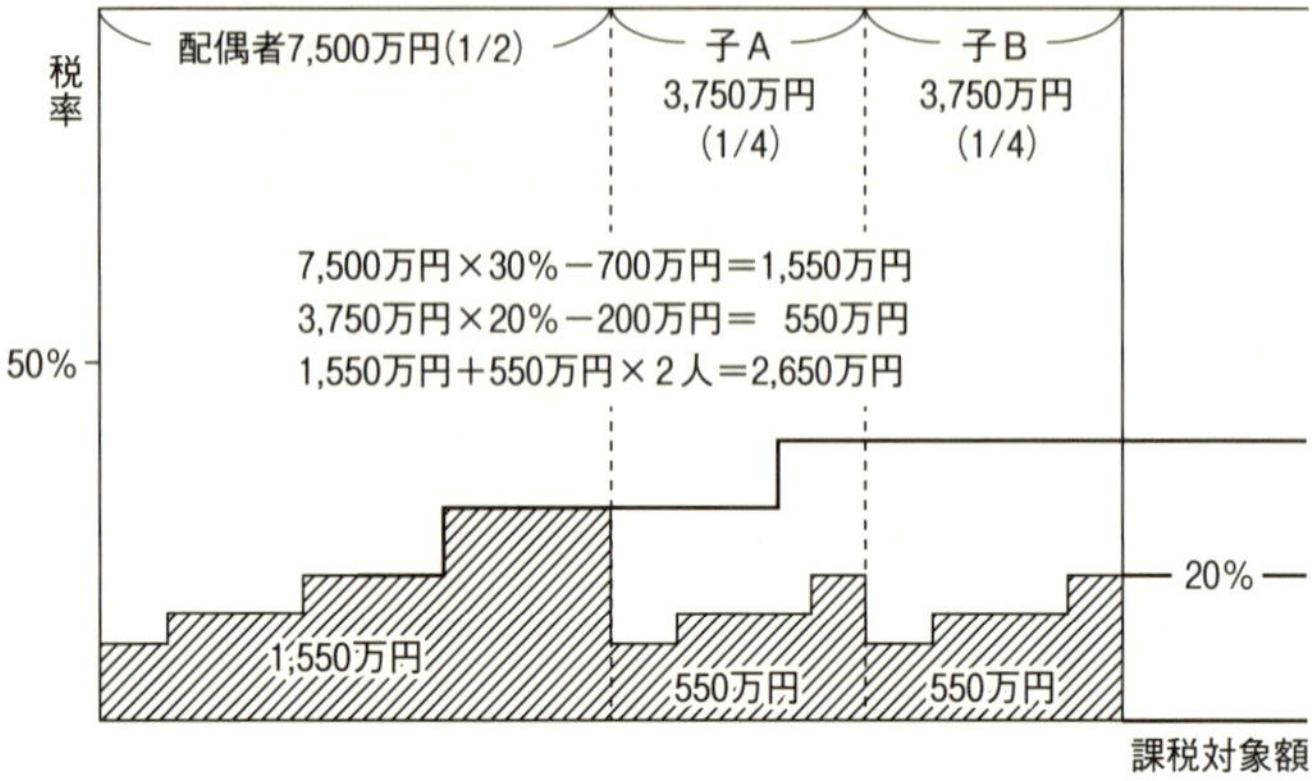

人を養子にすれば、先の１人の場合の税額３９００万円から４人の２２００万円と、税額はほぼ半減します。

しかし、これは少々ずるいといえましょう。国も税収が減って困ります。そこで約30年前に国税庁が相続税法上の養子の数を制限しました。すなわち「実子がいない場合は２人、それ以外は１人まではＯＫとするが、それを超える者は認めない」というものです。

これは、逆にいえば１人までは増やすことができるということです。後述しますが、これは今日でも有力な節税策となり得る手法といえましょう。

今度は同じ１億５０００万円で、法定相続人が配偶者と子２人の場合を考えます。ポイントは配偶者の法定相続分は２分の１、子１人は４分の１となることです。

この計算過程は省略させていただき、グラフだけ図表2—8に示すこととします（基礎控除は無視）。相続税の総額は2650万円となります。

(3) 贈与税の場合

以上の累進税率のグラフを見てくると、税額を減らすには課税対象額自体の削減以外にも、**課税対象額を分断する**ことも効果を発揮することが分かります。むろんそんなことはおいそれとはできませんが、養子縁組はその一手法であったわけです。

さて相続税に密接に関連する贈与税も、同じく累進税率です。この贈与税では課税対象額の分断はややややりやすいといえます。そこでこの点を少し考えてみます。

「評価額2000万円の不動産を長男に贈与したい」という場合の対応を考えてみましょう。贈与税は高いですから、これをやろうものなら3分の1近くの税金を持っていかれます（基礎控除は無視）。そこで課税対象額の分断策が出てきます。

そもそも贈与税は**暦年課税**といい、年末を境に1年ごとの別計算を行います。また贈与税は贈与を受けた人が払い、その税額計算は個人単位で行います。

そうであるならば、今年は半分贈与し、残りの半分は翌年贈与すれば二つに分断できます（12月末に贈与し、1月初旬に残りを贈与するのもOKです）。さらに長男1人でなくその配偶者等に受贈者を広げるという手もあります。

こうした分断の効果を先のグラフに当てはめてみましょう。つまり長男1人に一時に贈与する場合のイメージが図表2－4、これを2年に分ける場合が図表2－6、さらにそれを配偶者にも分けると図表2－8というイメージになるわけです。

以上のとおり、累進税率を採用している相続税や贈与税（むろん所得税も）に関する節税策は、この税率の特質をよく理解することが極めて重要となるわけです。

第2節　最大の相続税対策

さて最も効果的な相続税対策は何でしょうか。それは「税理士の選択」にあるように思います。つまり「**腕のいい税理士**」（あえて誰とは言いませんが……）に頼むことが、最大の相続税対策であると考えます。

一般に所得税や法人税はどの税理士に依頼しても、そう大きな変わりはありません。しかし不動産評価が大きくからむ相続税は、腕の善し悪しで税額がガラッと変わることが少なからずあります。

1　税理士に求められる三要素

腕のいい税理士であることの要件は、「不動産に強いこと」「税務署に強いこと」「依頼者に弱い（優しい）こと」の3点であると考えます。

(1)　不動産に強い

相続税申告は財産評価が勝負です。同じ遺産でも高く評価されれば税額は高くなります。むろん低ければ低くなります。とはいえ1億円の預金の評価額は、誰が評価しても1億円です。それ以外の資産に関しても、評価規定が評価方法をがっちり定めているため、人によって評価額が違うということはほとんどありません。しかし土地に限っては、話がガラッと変わります

まず相続税の土地の評価規定は、かなりの不備を含む宙ぶらりんの規定になっています（詳細は第5章で）。したがってこれを的確に使いこなすには、相当の不動産の実力を必要とします。

しかしほとんどすべての税理士（さらには税務署員）は、不動産を全くの不得手にしています。税理士は税務の専門家であって、不動産に関しては素人同然なのです。残念ながら、一般の税理士に評価規定を使いこなす力量が備わっているかどうかは、かなりの疑問と言わざるを得ません。

土地の評価規定はそうかっちりしたものではなく、その解釈にかなりの幅があります。そして税務署は税金の徴収が仕事です。となれば、税務署員が土地の評価が低過ぎると思えば、「この評価はおかしい」と言ってくるでしょう。さらには税理士の顔色を見ながら、「この評価は低いんじゃないですか」などと、ダメモトで鎌をかけてくるかもしれません。

評価に自信があれば、そのような指摘は即座に否定できます。ところが自信がなければ、「この評価に関して、税務署から〝評価が低過ぎる〟と言われたらどうしよう」と考えます。むろん税務調査で、「低過ぎる」などと評価額が否認され、税の追徴を受けてしまえば、顧客の信頼を一気に失ってしまいます。

こうした不安を安直に取り除くのは簡単です。判断に自信が持てないところは、無難に（つまり高い評価に）しておけばいいわけです。税務署は「高過ぎる」とは言ってこないからです。この「**無難な評価**」であれば御身は安泰。お客の信頼を失うこともないというわけです。

遺憾ながら今日、こうした「無難な評価」（もっといえば「**震え評価**」）がかなり蔓延しています。言うまでもなく「無難な評価・震え評価」は、かなり不必要な相続税を発生させます。第1節で見たとおり、累進税率の相続税においては、全体の5％の評価が下がっただけで、税額は10％近く下がります。たとえば相続税額が1億円の地主を考えれば、平均的に見て500～1000万円程度は余分に払っているのではないでしょうか。

「不動産に強い税理士」が求められるゆえんです。

(2) 税務署に強い

「税務署に強い」という点も大切なポイントとなります。土地評価に自信があっても、税務署からクレームを付けられた場合に毅然と反論できないのであれば、さして意味はありません。

税務署に強いかどうかは、税務調査の場で典型的に表れます。税務署員は自身の人事考課に直結するため、とにかく追徴税額を増やそうと懸命に動きます。したがって納税者側が弱気でいると、かさにかかって攻めてきます。

税理士は、税務署側の不合理な主張には強く反論する等により、これを拒否しなければなりません。そうした姿勢は、余分な税額の発生を防ぐとともに、税務調査の場における納税者の精神的な支えにもなります。

聞くところによると、税理士には税務署に積極的に迎合するタイプ（国税ＯＢ税理士のほとんどと、一部の非ＯＢの人）と、そこまでしないものの「少なくとも税務署には逆らうことだけはしたくない」というタイプ（残りのほとんどの人）があるようです。

そして「税務署が何と言おうと、おかしいものはおかしい」と、必要に応じて異を唱える税理士は極めて少数派のようです。

「積極迎合派」の税理士の立ち会いによる税務調査では、税理士は税務署の尖兵のような動きをするといいます。「〝一体あなたは誰の味方か。報酬は誰からもらっているのか〟と言いたくなり、悔し涙にくれた」といった話を耳にしたこともあります。

「消極迎合派」はこのようなことはしません。彼らは「税務署とは円満な関係を壊さないようにしつつ、無事税務調査を終える」ことを念頭に置いています。したがって原則として税務署員の意向を受け入れようとします。その上で「こうした税務署の要請を、いかに納税者に納得させるか」に腐心するわけです。

となれば、やはり**税務署に強い税理士**が求められましょう。

(3) 依頼者に弱い（優しい）

そもそも**税理士業はサービス業**です。税理士はお客様を大切にする、すなわち「依頼者に弱い（優しい）」税理士であるべきと考えます。

税理士試験も相応に難関とされています。ですからその合格者である税理士も、「士業」・「先生」の一員となります。しかしともすると、これは「自分が偉い人である」といった思い違いにつながります。

わたしは幸い、銀行という民間企業を経て税理士業を始めました。金融機関は基本的に「お客様は神様」の世界です。したがって私は「神様」に頭を下げるのは当然、という真っ当な教育を受けかつそれを実践してきました。これは税理士業に転業してからも、あまり差はありません。

本書の冒頭（3頁以下）でお話ししたように、相続の問題は、遺産分割に凝縮されています。同じ遺産であっても、いかに税額を減らすか、どうすれば各自がスムーズに納税できるのか、最重要課題である相続人の円満はどのように達成させるか。これらはすべて遺産分割次第なのです。

ですから、遺産分割に関してこれらを踏まえた適切な助言を行ってくれる税理士であれば、心強い限りとなりましょう。

もっとも、遺言を含め分割方針が決まっているケースであれば、妙にしゃしゃり出てはなりません。ただしその場合であっても、その問題点を小声で指摘することはあってもいいように思います。

ちなみに、税理士に求められる三要素の中では、この「依頼者に弱い」が最重要となりましょう。

でしょうか。

2　税理士の選択方法

(1)　一般の税理士

しかし、ともすると半分以上の税理士には、先の三要素のすべてが備わっていないのではないでしょうか。

一般にほとんどの税理士は、法人等の顧問税理士として活動しています。多くの会社の経理を記帳し、その決算・申告を行うことが仕事です。ただしこれには特に不動産の知識は必要とされていません。また年1回の家賃の申告だけという依頼先も多いものと思います。

その一方、相続税の業務は、顧問先の社長（または家主）が死去したといったときに限って発生します。つまり相続税に関しては、その背景の業務（遺産分割、納税資金の確保等）には不慣れというよりほかありません。

それでもこうした税理士の多くは、顧問先等の相続発生に際して相続税業務をやろうとします。たまの仕事で忘れかけた知識を取り戻せますし、気分転換にもなりましょう。何よりけっこうな報酬になります。

今日の相続税業務は、この程度の知識・経験ではとても太刀打ちできません。そもそも申告書の作成程度なら、気の利いたＦＰや金融マンでもできてしまいます。コンピュータに打ち込めばアッという間です。このレベルに毛の生えた程度で、「専門家」と思っていただいては困ってしまいます。

一般の税理士に対して、このような激辛ともいうべき採点をしているのには根拠があります。持ち込まれる「更正の請求」事案（第６章第３節ご参照）をとおして、筆者は他の税理士が作成した多くの申告書を見ています。それらの大半の申告書が「震え評価」のてんこ盛りであることをはじめ、かなり「お寒い」のです。これはとても「職業専門家」といえる代物ではありません。

よく言われているのは、医者にも内科・外科・小児科等といろいろに分かれていることです。さらに医療技術の進歩により、外科の中も大きく細分化されています。

大地主の相続を、財産管理会社の顧問税理士や毎年の家賃等の申告を頼んでいる税理士に依頼するというのは、地元のかかりつけ医院に、複雑な心臓外科の手術を依頼するようなものといえましょう。「餅は餅屋」。税理士も、専門や得手不得手をよく見て選ばなければなりません。

一方、納税者本位に考えるかなり少数派の税理士は、こう言ってくれます。「いやご依頼いただくのは有難いのですが、私は相続税は得意ではありません。専門の人にやってもらった方がいいでしょう」。私が苦手な法人税申告はおいそれと引き受けないのと同じように、税理士も自身の守備範囲を考えるべきと思います。そして「神様」であるお客様本位に考えていくべきと思うのですが……。

(2) 税理士探しの具体策

まずは、腕のいい税理士をどのように探すかがポイントとなります。たとえば知人から紹介を受けるのは有力な手段です。さらには本を読んで探すのもいいいし、ネットを当たるのもいいでしょう。とはいえ本来は、相続発生以前の時点で何らかの形で探しておくべきといえます。

選んだ候補者（税理士）とは面談すべきです（最初の人に決めてしまうのは考えもの）。ポイントは、土地の評価をどのように行うかにあります。具体的には、本書の第5章で述べる各土地の評価をどのように考えているかを聞いてみたいところです。

税務署に強いかどうかは、旧広大地評価（第5章第2節）にどう取り組んでいたかを聞けばすぐ分かります。さらにその税理士とウマが合いそうかも、重要なポイントとなります。相続税申告（さらにはその後の税務調査）までは長丁場となります。サービス精神があって頼りがいのある人が望まれましょう。

いろいろ検討の結果、ダメと思った税理士には遠慮なく断りを入れるべきです。力関係は発注者である依頼者側が強いのです。謝絶することに後ろめたい思いをする必要はありません。

(3) 従来の税理士に依頼する場合

いろいろな事情から、従来からつながりのある「先生」に依頼せざるを得ない状況もあるでしょう。その場合はその税理士を先の「三要素」に少しでも近づけるべく、いろいろ注文を出すべきと思います。たとえばこの土地はこうなっているから、あの規定を適用してほしい。配偶者名義の預金があるが自分はこう考えている、といった調子です。

「すべてお任せします」は好ましくありません。これをやると「震え評価」のオンパレードになりかねません。あれこれ注文を出してプレッシャーをかけるべきです。何でしたら「こんなことを書いている本もありますが」とか言って、この本を見せるのもおもしろいと思います。

土地評価が不得手な税理士であれば、土地の評価だけこれを得意にしている人に任せる、という手段もあります（むろんその税理士の了解が必要ですが）。いわば下請けに出すわけです（筆者も、何度かこの下請けをやった経験があります）。

一方、全くそうした余地がないのであれば、申告書提出後にタイミングを見計らって、（当初の税理士に分からないように）相続税に強い税理士に持ち込んで更正の請求等を行う段取りをとるべきでしょう（第6章第3節参照）。

繰り返しますが〝**最大の相続税対策は税理士の選択**〟です。くれぐれも「画竜点睛を欠」いてはなりません。この点を強調しておきます。

第3章 相続税対策 具体論

実際にどのような方法があるか

はじめに

前章の総論につづき、本章では相続税対策の具体論に入ります。

かつては、極めて効果的な相続税対策がかなりあったものです。しかしある意味当然ながら、国税当局は徐々にそれらを規制していき、今ではそのような特殊な手法はほとんど残されていません。

それでも、贈与やアパート取得等、それなりに節税効果を発揮する対策は少なくありません。ただし、対策の方法が誤っていたり、対策自体に欠点がある場合もあります。「こんなはずではなかった」は避けたいところです。

また税法特有の規定から、資産価値がないはずのものにけっこうな評価額が付される場合も少なくありません。そのようなものは事前に処分等をしておくべきでしょう。

相続税対策は、大がかりな手法から身近ですぐできるものまでさまざまです。これらを誤りのない方法で的確に実施しておくことにより、悔いのない節税をしておきたいものです。

第1節　土地に関する対策

相続財産の6割程度は土地で構成されています。また千差万別の状況にある土地には、多くの効果的な対策の余地があります。そこでまずは、土地を対象とする相続税対策をご紹介します。

1　小規模宅地等の特例

相続税対策といえば、子らへの贈与やアパート建築を思い浮かべます。しかしその前に、それらとは別格の「絶対に検討しておくべき」という超重要対策があります。それは**小規模宅地等の特例**の規定です（「等」は宅地の借地権でもOKという趣旨です。以下は省略します）。

この特例を受けることができるか否かは、課される相続税額に多大な影響を与えます。一見、要件に合致しないという場合でも、事前対策をすることで要件に合致させる状況を作り出せる可能性もないわけではありません。

ただし、この特例の要件がけっこうややこしいのです。したがってまずは、この小規模宅地の特例をなるべく分かりやすく説明していくこととします。

特定の土地の評価額を大幅減額してくれる小規模宅地の特例は、いくつかの種類に分かれています。そのうち断然重要なのは特定居住用宅地の特例で、また貸付事業用宅地の特例もかなり重要なものとなっています。そこでこの2種類の特例の内容を簡単に（詳細についてはとても書き切れません）説明し、次にこれにどう対応するかを考えていくこととします。

⑴ **特定居住用宅地の特例**

現行の特定居住用宅地の特例を一言で言うと、「特定の人」が「被相続人の居住地」を相続すれば、その土地（上限330㎡）の評価額を8割引きにするという規定です。つまり約100坪までの自宅の土地について、評価額をわずか2割（1億円の評価額なら2000万円）まで下げられるという大特例なのです。となれば、何としてもこの特例は受けたいところです。

さて、ここでいう「特定の人」とは主に次の三者の相続人です。まず被相続人の配偶者、次に被相続人とその自宅で同居していた者、さらに直近の3年間に自身やその配偶者のマイホームに住んでいない者（俗に「**家なき子**」といわれています）の三者です。

この特例は、「相続人らが自宅に住み続けられるように」が立法趣旨であるとされています。したがって、配偶者や被相続人との同居者が、この特例の対象者であることは当然といえます（なお配偶者に限っては同居していなくともかまいません）。

ところで「同居」とは文字どおり同居ですから、いかに親の介護に努めていようとも、別棟では同居になりません。適用要件は厳しいのです（なお区分所有登記のなされていない二世帯住宅であれば同居とされます）。

しかしなぜか「家なき子」も特例の対象となっています。この「家なき子」とは、非同居者がたまたまアパートや社宅に居住する等、相続開始前3年間に自己またはその配偶者所有の家に住んでいない者をいいます（自宅を所有していても、そこに住んでいなければＯＫ）。「家なき子」の要件は他と比べてかなり緩いものとなっていますので、しっかり利用したいところです。

次に、「被相続人の居住地」とは、厳密に被相続人の居住家屋の敷地のみを指します。したがって同一宅地内であっても、アパートや駐車場さらには親族の家屋の敷地等に無償使用されている部分は除かれます。

なおこの居住用家屋から有料老人ホーム等の施設に移り住み、その何年か後に亡くなったような場合にも、その自宅がいつでも帰宅できる状況に維持されていれば、その敷地は特例対象となります。

(2) 貸付事業用宅地の特例

小規模宅地の特例は、貸付事業用宅地にも適用されます。

貸付事業用宅地とは、ズバリ賃貸建物の敷地のことです。さらに貸し駐車場でも、アスファルト舗装や車止めといった設備が施されているものは対象となります。また「貸付事業」といっても、小規模の貸付でもＯＫです。この場合は、賃貸料の存在を明白にするために、不動産所得としての確定申告をしておくことが必要といえましょう。

ただし、特定居住用宅地の特例をフルに使っている場合は適用できません。つまりダブルでの適用は駄目なのです。しかし居住用宅地における３３０㎡の使い残し分の適用はＯＫです。

貸付事業用宅地の評価の減額幅は５割で、面積の上限は２００㎡です。したがって居住用宅地の特例に比べれば減額規模は少ないことになりますが、２００㎡までの５割減でも相当の威力があります。

なお居住用宅地の使い残しの面積を適用する場合には、居住用宅地と貸付事業用宅地双方の上限面積の割合で縮減されてしまうので注意が必要です。

小規模宅地の特例には、以上の２種類以外にも、特定事業用宅地の特例（親の事業を承継した者が相続したその事業用地は４００㎡まで８割引き。各種の要件あり）等があります。

●330㎡のうち150㎡を居住用宅地で使い、残りの180㎡を貸付事業用宅地で減額する場合の計算

適用可能面積＝180㎡×（200㎡÷330㎡）

≒109.09㎡に縮減

(3) 特例を受けるための対策

この小規模宅地の特例の威力は抜群です。評価額で軽く数千万円、税額でも最低数百万円は違うはずです。特例が適用できるかどうかの検討や適用のための対策はしっかり行うべきです。さらに、一部に「相続開始3年前」という要件もありますので、早めの検討が望まれます。

最初に特定居住用宅地の特例を考えます。配偶者や同居者がいるのであれば、その者がその居住用宅地を相続する限り適用に問題はありません。

ただしこの「同居」は、生活の本拠がそこにあるか否かによって厳密に判断されます。たとえば、長男が介護等で母の家に同居に近い形で暮らしていても、生活の本拠として、配偶者らと暮らす自宅が別にあれば、同居とはなりません。

また前述のとおり、二世帯住宅では区分所有登記がなされていれば同居とみなされません。したがって区分所有登記であれば共有への登記の変更を検討すべきこととなります。

とはいえ今日、親との同居は現実には困難な場合がかなり多いものと思われます。となると、「家なき子」作戦の登場です。つまり、相続発生時以前3年間マイホームに居住していない相続人が、その居住用宅地を相続すれば適用可能となります。たとえば自宅居住者であれば、そこを出て賃貸住宅に移るなど、工夫の余地は十分あると思われます。

それでも居住用宅地の特例が無理ということになると、次善の策として貸付事業用宅地の特例を考えることになります（３３０㎡に使い残しがある場合も同様）。

これに関しては、従来から賃貸建物や所定の駐車場を所有しているのであれば、それを適用すればいいでしょう。問題はそれらがないケースです。

その場合には、まず新規に賃貸物件を取得することが考えられますが、それには次節で述べるリスクへの目配りが極めて重要となります。それよりも、敷地の一部を貸し駐車場にすること、また子らに無償で住まわせている家があれば、そこから家賃（近隣相場の半分ぐらいは必要）を徴収する等の、ややお手軽な手法を採用してもいいものと思われます。

(4) 平成30年の「嫌がらせ的な改正」

この小規模宅地の特例は、「家なき子」から次のような二つのケースを適用除外としました。つまり適用の範囲を絞ったのです。この改正は、平成30年4月1日以降に発生した相続から適用されます。

まずは、①「相続開始3年以内に、その者の3親等内の親族等が所有する家屋に居住したことがある者」、もうひとつは、②「相続開始時に居住していた家屋を過去に所有していたことがある者」です。

このうち、後者の②に関しては納得がいきかねます。改正された内容を今更どうこう言っても仕方ないのですが、規定の趣旨の説明を兼ねて少し言わせてください。

世の中には、一人暮らしの親を同じ敷地の別棟に住みつつ、懸命に介護している親族（仮に長男としましょう）は少なくありません。親とすれば、早々と老人ホーム等の施設に入るより、長男らの暖かい介護を受けつつ、少しでも長く自宅に住んでいたいはずです。ついでにいえば、国としても財政的見地から、税金からの支出を要する公助よりも、こうした自助を推進しています。

したがって、本来こうした尊い介護に取り組んでいる人にこそ、特定居住用宅地の特例で報いるべきはずです。しかし前述のとおり、同じ敷地に住みつつもその別棟（長男所有）に居住する長男は、この特例を受けることができません。

そこで「何とかならないか」というわけで、長男所有の建物の名義を親に移転（売買または贈与）することを考えます。その後3年経過すれば晴れて「家なき子」となり、特例対象とすることができるからです。

しかし平成30年改正はこの手法を禁止しました。「相続開始時に居住していた家屋を過去に所有していたことがある者（つまりこのケースの長男）」を適用除外としたのです。まさにこの「生活の知恵」ともいうべき手法を狙い撃ちにしたわけです。

その一方で、介護に参画しないもののたまたま自宅に住んでいない者が、特例の適用を受けることができてしまいます（結果として、その者が自宅を相続することになる）。この「嫌がらせ的改正」には納得がいきません。

なお、①「相続開始3年以内に、その者の3親等内の親族等が所有する家屋に居住したことがある者」の除外は、遺言で自宅敷地を孫に取得させることによる特例適用ができないようにしたものです。孫であればまず「家なき子」のはずだからです。この節税手法を封じたわけです。

さらにもうひとつ、油断のならない改正がありました。相続開始前3年以内に貸付事業用宅地（事業的規模のものを除く）にした土地を特例の対象外としたことです。つまり、「相続開始の直前になってあわてて庭先を駐車場にする等、姑息なことをやっても駄目ですよ」というわけです。やはり対策は早め早めが望まれます。

以上、小規模宅地の特例について基本的な部分を説明しましたが、これ以外にもいくつか細かい点があります。微妙な問題等を有する場合には、この問題に強い税理士等にしっかり確認をしていただく必要があろうかと思います。

2　土地の整理

⑴　全体像の把握

相続人の置かれた状況は、財産の所有状況や家族の構成等で千差万別となっています。したがって相続開始前の具体的な対策は、こうした全体像を把握した上のものでなければなりません。

この作業内容をザッと述べれば次のようなものになりましょう。

●相続開始前にしておきたいこと（だいたいでOK）

① すべての所有資産の確認と現況の把握
② 所有資産の概略の相続税評価と、これを前提とした相続税額の試算
③ 所有金融資産と予想相続税額との比較による、資金過不足額の算出
④ 所有不動産の客観的な換金性と、主観的な換金自体の可否（たとえば、自宅は客観的な換金性はあっても、主観的には換金は不可等）
⑤ 不動産といったメインの資産を中心とする、概略の遺産分割構想の立案（円満な遺産分割に対する障害の有無の検討も）
⑥ 所有不動産の換金後の税引き後手取額の算出
⑦ ②の相続税評価額と⑥の手取額との比較による、時価との「逆転」の有無の確認

以上の作業を実施すれば、相続に当たっての問題点が浮き彫りになるとともに、その対処の方針も明らかになってきましょう。

相続税対策の実施には、費用の負担やリスクの発生等の少なからぬ「副作用」が生じます。行き当たりばったりともいうべき対策は、有害にもなりかねません。あくまで右記のような全体像を把握した上で行うべきです。

この過程において、納税資金が確保されるかどうかが判明します。これが達成されていないのであれば、その確保に向けた対策が最優先となります。

なお相続税対策実施に当たっては、相続開始までの期間がどれくらいあるかによって、その内容は大きく異なってきます。ここでは原則として相続開始までの期間は2～3年、というイメージで述べていきます。

(2) 底地の整理

昔ながらの地主層は、借地人に貸した土地（つまり底地、税法でいう貸宅地）を数多く所有している場合が多いようです。この底地（貸宅地）は収益性・換金性の双方が極めて限られており、底地の時価（市場価格）は極めて低い状況にあります。仮に半年以内といった短期間に換金しようとすれば、更地価格の15％程度にしかなりません。

しかし、底地の相続税評価は、その倍以上である更地価格の3～4割に上ります。したがって物納がかなり困難となった今日では、漫然と底地のまま相続財産として遺すのは避けたいところです。

そもそもこの底地は、借地人との折衝により**「借地権・底地」の関係を解消**することができれば、更地価格の4～5割程度の価値に復帰します。具体的には、底地の借地権者への売却、借地権者からの借地権の購入、両者共同による更地としての第三者への売却、さらには借地権と底地の一部交換による完全所有権化です。

ただしこうした借地人との折衝をまとめていくには、かなりの長期間（たとえば3～10年）を要します。またこうした折衝結果は、一般に両者の力関係で決まります。相続発生等により急いで交渉をまとめようとすると、借地人に足元を見られてしまいます。

したがってこうした底地の整理は、なるべく早いうちから取組みを開始することが大切となります。

(3) 「逆転物件」の整理

相続開始が近い（1～2年前）のであれば、評価額が時価を上回る**「逆転物件」**の有無をチェックする必要があります。そしてそれがある場合には、その処理を検討するべきです（前述した底地はこの一例です）。

処理策の一番手は物納です。物納とは金銭納付の代わりに、国が土地を相続税評価額で引き取ってくれるというもの。逆転物件を収納してくれるということは、国が時価より高く買ってくれるということに他なりません（おまけに譲渡所得税は無税）。

しかし近年の法の改正により、**物納はかなり困難**となりました。問題は、物納の手続きの面と「金銭納付困難の理由書」の作成面の二つです。あまり知られていませんが、とりわけ後者がやっかいです。説明は省略させていただきますが、「極めて難しい」という結論だけご記憶ください。物納がダメであれば、事前の売却を検討すべきです。

「逆転物件」にはいろいろなものがあります。具体的には山、崖地、いわゆる再建築不可の土地（後述の欠陥敷地）、無道路地、境界が不明な土地、深刻な紛争が生じている土地等です。

さらに油断がならないのは、市街化調整区域（倍率地域）の宅地です。評価のもととなっている固定資産税評価によって、「地目が宅地である」というだけのことで、実態とかけ離れた評価額が付されている場合があります。相続税の側が、そうした不合理を無視した倍率を設定しているからです。

第2節　アパート建築の「誤解」

おそらく本書の読者は、ハウスメーカー等の側から「有効利用による節税対策」といった話を、それこそ耳にたこができるほど聞かされているものと思います。確かにその説明自体にはそう誤りはありません。相応の節税効果が生じるのは事実です。

しかし概して、うまい話には裏があるものです。つまりそれらの話には、有効利用の実施により生じる副作用やデメリットが無視されています。「相続力」アップの面からも、この点を忘れてはなりません。そこで、ここではそれらに光を当てつつ、相続税対策としての有効利用を考えていきます。

1　建てると大損

(1) アパートの売値は？

最初に皆さんに質問します。「地主さんが、時価6000万円の更地の上に、相続税対策をかねて4000万円でアパートを建てました。そしてその1年後に相続税の納税資金等のために換金することとなりました。ではこの土地建物はいくらで売れるでしょうか」。

結論的にはほとんどの場合には、とても1億円にはなりません。一般的な正解をいえば「6000万円程度」といったところでしょう。理由を簡単に説明しましょう。

まず「時価6000万円の更地」は、更地だから6000万円の値が付いたのです。したがってこの値を付けた人は、「アパートを撤去して更地にしてくれれば、6000万円で買う」と言うはずです。

売る側としては、現状のアパートという収益物件としてこの不動産を見てくれる買い主でなければ困ります。するとそうした買い主は、このアパートの年間収入を売買価格で割算した「**利回り**」を計算します。つまり収益性です。

おそらく「遊ばせておくより相続税対策を兼ねて……」といった理由で建てたであろうアパートの利回りは、（例外を除き）まず期待できません。ところが収益物件として現在取引されている利回りは、少なくとも８～10％の水準にあります。

仮にこのアパートの年間収入が５００万円であるとしましょう。するとこのアパートの売値が１億円であれば利回りは５％（５００万円÷１億円）。この利回りでは、この物件は市場で見向きもされません。そこで市場で売れる可能性を有する８％の利回りを確保しようとすれば、売値を６２５０万円（５００万円÷８％＝６２５０万円）にする必要があります。10％の利回りを要求されれば半値の５０００万円です。

⑵　アパートの中途売却は大損に

つまり不動産は、その効用が最高度に発揮させた状況でなければいい値では売れません。さしてアパートに向いていない場所に建てれば家賃を多く取れず、それが低利回りという形で売値に跳ね返ってきます。

一方、更地であれば、買い手は購入後どのような用途にも使用することができます。つまり最有効使用の状況にあるといえます。ですから**更地が最も高値が付く**し、また売りやすいのです。

さてここで申し上げたいのは、「アパートはおいそれと換金できない（換金はできるが大損をする）」ということです。もっとも、道路や地形等の条件が不良（これらの悪条件は、あまり賃料に悪影響を与えない）ではあるが駅の至近、という土地であれば話は違います。それこそがアパートに向いた土地だからです。

ただし建築後30年以上経過し、その建築費のほとんどを家賃収入で回収した後での売却であれば何の問題もありません。まだまだ新しい建築後5年やそこらで売ると具合が悪い、ということなのです。

(3) 含み損の発生

ところで誤解しないでください。「アパートを建てるな」と申し上げているのではありません。

先の例でいえば、施主は「5％程度」の利回りで納得しています。「この程度の家賃が入れば、建築関係の借入金を返済してもまだ何がしか残る。何より相続税の節税効果が大きい。だからこれで十分」と考えています（ついでにいえば固定資産税までがけっこう下がります）。その考えに異を唱えるつもりは毛頭ありません。

ただし、アパート等の流通市場では「5％」は通用しません。したがってこれを売ろうとすると、売値は6000万円程度までドカッと下がってしまいます。要するに売らなければいいわけです。

この場合アパートを建てると、約4000万円の「**含み損**」が発生すると考えれば分かりやすいと思います。含み損ですから、売却すればこれが表面化します。しかし売却しないまま保持し続ければ損は出てきません。そして含み損は時の経過とともに減少を続け、最後にはなくなってしまいます（建築資金は家賃で全額回収）。

以上のとおり、アパート建築の最大のデメリットは、（売ると表面化する）巨額な含み損の発生なのです。

納税や遺産分割等に要する金融資金がかなり不足するような場合に、わざわざ換金にピッタリの更地上にアパートを建てるなど、自殺行為というべきです。アパート建築はゆめゆめこの点を忘れてはなりません。逆に納税資金等に困らないのであれば、次に述べる事業リスクの点を考えつつ、前向きに検討すべきと思います。

2　事業リスクの存在

(1)　アパート建築を勧める人は

含み損の発生と同様、油断のならないのはアパートの事業採算です。言うまでもなくアパート建築は、数千万円を投入するれっきとした大事業です。

そもそも今日、賃貸住宅はかなりの供給過剰の状況にあります。**賃貸事業で何より恐ろしいのは空室**。そこがアパート適地か否かは、十分な検討が必要となります。

多くの場合、地主層はこうした判断力をあまり持っていません。したがって外部の人の言い分を聞いて判断することとなります。

しかしこの外部の人というのは、ビジネスの都合上「地主にアパートを建ててほしい」と願っている人ばかりでしょう。まずは建築事業者、アパートローンを売り込みたい金融機関、さらには金融機関等と提携している税理士やアパート管理事業者です。ですから彼らは、「建てるべき」と言うに決まっています。

実は私のところにも、たまにハウスメーカー等から「土地有効利用セミナー」の講師の依頼がきます。私はお話させていただくのは大好きですから、これをお受けしたいのですが、この依頼はほとんど破談になってしまいます。

というのは、私は前述のとおり「アパートの建築は、節税効果は大きいものの、かなりの『含み損』を発生させる。だから換金する必要のないところに建てるべき」と考えています。

ですから事前に依頼者に対して、「こうした話をさせてもらうが、それでいいか」と聞きます。そしてその答がほとんどＮＯなのです。「建てるな」と言っているわけではないにもかかわらずです。これは「有効利用セミナー」の実態をよく表しているといっていいでしょう。

ちなみに、以前スポンサーなしのＪＡ主催のセミナーで、思う存分この説明をさせてもらった経験があります。そこでは聴衆はみな熱心に聞き入り、本当に納得した顔でお帰りになっていました。主催者からも大変に感謝されたものです。

(2) 事業破綻のパターン

さて近年の供給過剰は、かなりのレベルに達しています。理由は、アパート専業の建築・運営会社等が、需給関係を無視するような形で、強力な営業により地主層を説得しているからです。

確かに建てて5年程度の期間であればアパートはまだ新しいため、入居者はまずまず集まります。しかし10年を経過してくるとかなり古くさく見えてきます。何せ同じ地域には、工夫を凝らした新しいアパートがどんどん供給されています。ユーザーはそれとの比較で10年経過物件を見ています。

10年経過物件には、ともすると家賃を抑えても少なからぬ空室が生じてきます。こうなると家主のアパート経営の熱意も冷めてきます。いきおい、本来なすべき定期的な修繕もおろそかになりかねません。その結果、ますますアパートが古ぼけたものとなっていき、さらに空室化は一層進みます。

こうした悪循環に陥ると、借入金返済の資金繰りが回らなくなり、事実上アパート事業は破綻します。そして「毎月の返済の辛さに、アパートを取り壊しその土地を売却した上で、ローンの残金を返済する」といったことになってしまうわけです。

おまけに借入期間が35年と長く設定されている例が多く（計画時の資金繰りをよく見せるため）、15年程度経過していても、まだかなりの借入金残高が残っています。そのため土地売却代金はほとんど残りません。

しかし地主がこのような事態になっても、建築事業者や金融機関はさして困るわけではありません。ですから無責任なまでに「建てろ、建てろ」と言ってくるわけです。

むろんすべてのアパート事業が、上記のようになるなどと言っているのではありません。立地のいい土地もあるでしょうし、建築事業者や金融機関の担当者の中にも、地主の立場で考えてくれている人もいるかもしれません。しかし近年は、こうした破綻事例がかなり多いことを、声を大にして申し上げておきたいのです。

(3) 自身の判断力を

こうした問題の対処法として、とりあえず次の二つをお示しします。まずはある程度ご自身で事業採算が判断できるようになること。もうひとつは、地主の立場に立ちつつ客観的にこの点を判断してくれる第三者を、あらかじめ見つけておくことです。まさに「相続力」です。

しかしこれは一朝一夕にはいきません。そこで極めて単純な手法をここで提起しておきます。それは、建築資金の全額借入れを想定した場合に、借入期間を20年（本音をいえば15年）にした上で、資金繰りが十分回る（むろん相応の資金が手元に残る）ことを、事業実施の条件とすることです。むろんその場合の賃貸条件は、地域の市場実勢に合わせたものでなければなりません。

20年間で資金繰りが回るのであれば、相応の利回りが実現できている証拠です。それなりに返済が進んでいけば、予想外のリスクに遭遇しても何とかなる可能性が高くなります。

逆に、先方が当初から35年といった借入期間を提示してきた場合には油断なりません。その他の諸条件は厳しい目で検討すべきこととなりましょう。

なお近年、大手事業者を中心として、○年間一括借上げ・家賃保証形式をうたうアパート事業者も少なくありません。しかし、このご時勢で長期間の家賃を保証できるはずがありません。どんなに大手の会社であっても、そのような話に乗ってはなりません。

3　アパートの節税効果

ここまでアパート建築を、かなり批判的に見てきました。しかし賃貸マンションやアパート建築には、大きな節税効果があります。前述した問題がクリアーされるのであれば、建てるべきではないでしょうか。

(1)　具体的な節税効果

アパート建築には、大別して三つの節税効果があります。

第一に、建てたアパート等の建物の相続税評価額が、建築費に比べて約3分の1程度と著しく低いことです。つまり1億円で建てた建物の評価額は、3300万円程度になるわけです。その一方、建築費に当てる預金なり借入金は100%評価です。つまり100%評価のものが33%評価の資産に転換することにより、建築費の67%分の評価が下がるわけです。

なお一般の本は、この評価額を建築費の6～7割と書いてあります。しかしそれは明らかに誤りです（ただし店舗や事務所といった非住宅系の建物の評価損は6～7割となっており、この点に関しては誤りはありません）。

節税効果の第二は、賃貸住宅の敷地である（これを**貸家建付地**といいます）ことを理由に、約

2割の減額がなされることです。この土地を売却するには（借家権で保護されている）入居者を立ち退かせる必要があり、それには経費や時間を要する、というのが減額する理由です。

第三の効果は、建物も貸家であることにより、先の建物の評価額がさらに3割引きになることです。理由は土地と同様（売却には入居者の立退きを要する）です。

ついでにいえば、駐車場といった更地状態の土地にアパートを建てれば、今までかなり高かった土地の固定資産税（都市計画税を含む）が、約5分の1になります。固定資産税は、住宅用地と非住宅用地（空地を含む）で税額がガラッと変わるからです。この節税効果もかなりのものとなります。

(2) 節税効果の計算例

以上のとおりアパート建築は、かなりの節税効果があります。これを実例でお示ししましょう。

いま相続税評価で5000万円の更地に、建築費5000万円（全額借入金）のアパート（賃貸マンションでも同じ）を建てました。すると図表3－1のように建物の評価額は1650万円になります。

なおこの場合、自己資金（さらには一部借入金）で建てても効果は同じです。建築費に預金といった自己資金を回せば、100%評価される預金が減少するからです。

次にこのアパートに賃借人が入居すれば、その敷地は貸家建付地となります。この場合には借地権割合（東京地区の住宅地は通常6割。地価水準の高い地域ほどこの割合は高い）と借家権割合（ほとんど3割。ごく一部に4割がある）を乗じた数値を減額できると

図表3－1　アパート建築の節税効果の例

相続税評価5,000万円の土地に5,000万円のアパートを新築。
①から③へと進みます。

（単位：万円）

	①建築前	②アパート新築	③貸借人の入居	注
土　　地	5,000	5,000	4,100 （▲18%）	入居すると貸家建付地評価
アパート	0	1,650 （33%*）	1,155 （▲30%）	入居すると借家権控除
借 入 金	0	▲5,000	▲5,000	自己資金で建てても同じ効果
合　計	5,000	1,650	255	（① － ③）4,745の評価減

アパート建築の節税効果は次の2種類によるものです。

イ．新築することにより、100%評価の借入金（自己資金）5,000万円が、33%*評価の建物1,650万円に代わること（＊33%はあくまで目安）。

ロ．土地・建物それぞれに、入居者に発生する借家権に対応する評価減を行う。本例では借家権を30%、借地権割合を60%と想定。

・土地（貸家建付地の減額）……（1－0.3×0.6）＝0.82
・建物（借家権控除）……………1－0.3＝0.70

されています

つまりこの場合「1－0.6×0.3＝0.82」となり、土地は18％引きの4100万円となります。

また賃借人の入居により、建物の評価は3割の借家権分が控除されます。つまり1155万円（1650×0.7）です。

以上から、アパート建築により5000万円の評価の土地が、土地建物と借入金の合計額が255万円となることにより、評価額を4745万円減少させることができたわけです。

⑶ アパートの購入等

昔の土地神話華やかなりし頃は、相続税対策は「借金をして土地を買うこと」という「合い言葉」があったものです。当時の土地の相続税評価は半値を優に下回っていたからです。つまり相続税評価は35と低いが時価は100といった土地を買えば、それだけで一気に評価額を65も減らすことができたわけです。

国税当局はこうした節税策を封じるべく、平成4年以降、評価水準を**公示価格の8割**にまで引き上げました。後述するように相続税評価にあっては、各土地の状況に応じた減額が十分なされていないことからすれば、ほぼ時価並み水準といっていいものと思います。

それでも評価規定が大雑把ですから、ものによっては時価よりも評価額の方がずっと低い不動産もあります。であれば、相続開始が近い場合には、そのような土地で、かつ値下りリスクがあまりなさそうな不動産を一時的に取得するという手法は、一考に値する相続税対策となりましょう（相続開始後には売却を予定）。

狙い目は、ズバリ利回りの高い収益不動産です。これらは「貸家建付地・貸家」の評価減の適用対象であるとともに、利回りさえ確保されていれば、値下りリスクはそう大きくはありません。また所有している間は、相応の家賃収入が確保されます。

また相続開始まで10～20年あると思われるのであれば、その間に親の収入を子に移すという手法もあります。これは所得分散が図れるため、親の所得税対策にもなります。

具体的には贈与または売買によって、親の高収益アパートの建物だけを子の所有に移すのです。そうすればアパートの収入はすべて子のものになります（所得税法では、家賃はその全額が建物所有者に帰属すると考えます）。また建物が古ければ、売買代金（贈与金額）もそう多額なものとはならないはずです（次の節で説明する相続時精算課税で贈与してしまうのも一法）。

なおこの場合の親への地代の支払いは、ゼロまたは土地の固定資産税程度（つまり実質ゼロ）にしてください。またこの状態で相続を迎えると、そのアパートの敷地は貸家建付地の減額が受けられなくなる、というデメリットも生じます（相続開始前に建物を再度親に売却することが理想）。

ただしこれらの不動産の名義変更には、登録免許税・不動産取得税の負担を要します。対策は、これらを考慮に入れたものでなければなりません。

第3節　贈与による対策

1　贈与の本質

(1)　相続税の補完税

贈与税はズバリ、相続税を徴収するための手段として設けられた税です。「死んで多くの財産を遺すと相続税がガッポリ。であれば、生きているうちに子に贈与してしまえ」、は誰でも考えるでしょう。これをやられたら相続税は意味がなくなります。ただし民法の手前、贈与を禁止するなどということはできません。

そこで国税当局が考えました。「贈与するのは自由ですが、その代わり目の玉が飛び出るような税金をいただきます」という贈与税の創設です。今は基礎控除額が110万円にまで拡大されましたから、「目の玉が飛び出る」ほどではなくなっていますが……。

それでも贈与税がかなり高いのは事実です。この贈与税の本質を称して、贈与税は「**相続税の補完税**」と呼ばれています。その意味から、贈与税は相続税法の一部として定められています。

贈与税法という法律はないのです。そして贈与財産の評価も相続税評価により行います。

さて、相続発生により相続税が課せられる人は、100人に7~8人です。つまり100人のうち90人以上は、相続税に無縁の存在となります。しかしこうした人も、子がマイホームを購入するときには、贈与税を気にしつつ購入資金を子に贈与しようとします。そして仕事熱心な税務署員は、贈与した人が相続税に無縁の人であろうがなかろうが、これを発見すればすぐに何百万円もの贈与税を課します。

であれば、仮に購入資金の半分を親が出したのであれば、そのマイホームを親と2分の1の共有で登記すれば何の問題も起きません。そしてやがて親に相続が発生すれば、そこでその子が親の持ち分を相続すればよいのです。

(2) 贈与とは

贈与税は、贈与財産の評価額に応じて受贈者(もらった人)に課税されます。この場合の贈与とは民法上の贈与、すなわち「当事者の一方が自己の財産を無償で相手方に与えるという意思を表示し、相手方がこれを受諾することによって成立する」(民法549条)契約をいいます。つまり「あげるよ」「ウンもらったよ」という**両者の合意が必要**です。ですから、親が贈与のつもりで子の名義で預金をしても、子がそれを知らない限り贈与は成立しないわけです。そして税務署もそう考えています（つまりその預金は親のもの）。

とはいえ贈与は、その事実の把握に困難が伴います。そもそも贈与であるのかないのか、外見上は贈与の体裁をとっているが実態は違うのではないか、といった課税実務上の判定がかなり難しいのです。しかし税務署は、これに手をこまねいていたのでは仕事になりません。

そこでまずは外観を重視して課税を行っていきます。たとえば、対価の授受がないまま不動産や株式等の名義が変更されていた場合には、原則として贈与があったものと取り扱います。

また、客観的に返せるはずはないと思われる額のものを、「貸付金」と称して渡すようなケースも贈与とされるでしょう。たとえば「親が30歳の会社員の住宅取得に関して、5000万円を貸した」などといった場合には、税務署はその大半を贈与と認定するでしょう。その年収では5000万円など返せっこないからです。このような「ある時払いの催促なし」は、贈与であるとして課税するわけです。

ただし、中にはそうでないケースもありましょう。その場合には納税者側が税務署に対して、「これこれの事情や理由により、これは贈与ではない」旨の説明をきっちり行う必要があります。そして税務署がこれに納得すれば課税は行われないこととなります。

(3) 贈与税の考え方

贈与はそのほとんどが、親族間といった身内で行われます。そして誰も贈与税など払いたくはありません。となると税務署側は、常に疑惑の目で納税者を見ます。

したがって税務署側は、外観上贈与と思われるものにはすべて課税していこうとします。いわば黒はもちろん、灰色も黒であると推定します。つまり灰色に関しては納税者が白であることを立証しない限り、税務署は黒として取り扱うわけです。

こうした税務署側の考え方も分からなくはありません。つまり「いったんひとつの灰色を白と認めれば、納税者側は、それ以降は黒のものまで灰色に仕立ててしまうのではないか」という疑念を持ちます。ですから、完全な白であるという立証がなされない限り、（たとえ白の心証がかなりあったにせよ）納税者の主張をはねつけてしまうしかない、と考えるわけです。

しかし実際には、納税者の日常生活にまで常に目を光らせるなどということは不可能です。現実に贈与税が課税されるのは、（相続税の税務調査のケースを除き）ほぼ不動産や株式等の高額資産の名義変更がなされた場合に限られます。

逆に、取引関係者が親族等ではない第三者間であれば、話は全く違ってきます。「第三者間に贈与などあるはずがない」という理解だからです。ですから、びっくりするような低い値段での売買であっても、税務署は「何か事情があったんだろう」位にしか考えません。

贈与税を考える場合においても、以上のような税務署の側の発想に立って考えることが何より重要となります。

2 贈与の方法

(1) 一般の贈与

贈与は、相続税対策の基本中の基本です。しかし贈与税は相続税の補完税として、その累進税率はかなり高くなっています。基礎控除の110万円の効率的利用を中心として、贈与者の年齢や予想相続税額、さらには贈与税の特質をよく検討した上で、最適の贈与計画を考えていきたいものです。

まず相続開始まで10~20年見当の期間が考えられるのであれば、とにかくこれと思う親族に毎年110万円（場合によってはそれ以上）の贈与を行うべきでしょう。たとえば受贈者5人に対して毎年110万円の贈与を10年続けただけで、贈与総額は5500万円にも達します。期間と人数を少し拡大した上で多少の贈与税を覚悟すれば、1億円以上の贈与も十分可能となります。まさに「継続は力なり」。根気よく実行したいものです。

相続開始までの期間があまりないのであれば、予想相続税の限界税率をにらみながら、贈与額をアップしていきたいところです。さらに相続開始1~3年前ともなれば、法定相続人を除外した上で、ドラスチックにやることも考慮すべきでしょう。なお、相続開始の年（たとえばその1ヶ月前）の贈与も、被相続人の意識が明瞭である限り有効です。やれることは最後までしっかりやっておきましょう。

なお、税制改正で、平成27年からの親や祖父母といった直系尊族から20歳以上の者への贈与に限っては、贈与税の税率が少し緩和されました。改正の理由は、後述する相続時精算課税と同様、景気対策です（お金は、あまり使わない親世代から、これを使う子世代へ移したい）。これは贈与作戦の上では朗報といえましょう。

(2) 具体的な贈与の方法

贈与に当たっては、これを実施したという証拠を残しておかないと、税務署に否認されるおそれがあります。それには贈与者の口座から受贈者が日常使用している**預金通帳に、直接振り込む**のが一番です。これであれば、いちいち贈与契約書など作る必要はありません。

とはいえ、毎年贈与するとはいうものの、ついつい面倒であったり忘れてしまったりで、実際にこれをきっちりやられている方はそう多くないようです。そこで「毎年の誕生日に贈与する」という方法を提案しておきましょう。

この点について、「110万円ではなく、あえて111万円の贈与をして贈与税の申告を行い

（当然1万円の10％である1000円を納付する）、その申告書の控えを保存すべき」と説明する節税本が少なくないようです。

しかしそのような面倒な申告をする必要はありません。110万円が確実に振り込まれていれば、十分贈与の意図を推測させます。したがって特殊事情がない限り、税務調査の場でも税務署はこの点に関してはクレームは付けません。

さらに節税本の中には、「110万円ずつ毎年贈与すると、連年贈与（定期金の受給権の贈与）とみなされ、どっと課税されるからやめるべき」と書かれているものもあります。

贈与開始の年に、わざわざ「向こう10年間に毎年110万円を贈与する」などという契約を結ぶという特殊なケースであれば、そのとおりかもしれません。しかし贈与者が毎年の贈与を心がけていた結果として、毎年110万円の贈与が10年間なされたというのであれば、何の問題もありません。この記述も明らかな誤りです。

(3) 配偶者2000万円贈与

婚姻期間が20年を超える配偶者に対して行う、2000万円までの居住用不動産の贈与は無税という特例があります。この「**贈与税の配偶者控除**」の特例は割とよく知られています。この規定は生涯1度だけしか受けられませんが、相続税がかなりかかるのであれば、忘れずにやっておきたいところです。

とりわけこの特例は、「相続開始3年以内の贈与の加算」の規定は適用されません。したがって、（意識がしっかりしている等）民法上の贈与が成立しているのであれば、死の直前でもこれは可能となります。

以下に制度のポイントを簡単に述べておきます。

贈与対象は、受贈配偶者が居住の用に供する不動産で、今後もその配偶者が居住の用に供する見込みのものです。婚姻期間の計算は戸籍に基づき行います。この特例を受けた場合には、必ず翌年の3月15日までにその旨を申告しなければなりません（無税となる場合を含む）。

なおこの居住用不動産がアパートや店舗との併用住宅である場合は、床面積で按分した居住用部分のみが贈与の対象となります。居住用部分の判定は、納税者が有利となるように、その不動産はまず優先的に居住用部分から成り立っていると考えることができます。したがってその敷地に関して、居住用相当分の土地の分筆を行うといった必要はありません。

全体的に見ると、この規定の使い勝手は悪くないといってよいと思います。

ただし大いに注意を要するのは、無税なのは贈与税だけである点です。すなわち不動産の名義を移せば、登録免許税や不動産取得税という意外に高額の流通税が課されます。さらには多少面倒な贈与税の申告も必要となります。結局、それやこれやで50万円を優に超える出費を覚悟する必要があります。

さして相続税がかからない場合、あるいは自宅の土地面積が、第2章で説明した小規模宅地等の特例対象の330㎡をそれほど上回るものでないような場合は、経費倒れになりかねません。

結局、全体像をよく把握してからでなければ着手すべきではないといえます。

3 相続時精算課税制度

(1) 相続時精算課税制度の仕組み

平成15年から、従来と全く異なる贈与の仕組みである、**相続時精算課税制度**が創設されました。これを一言で言えば、基礎控除額が2500万円と大型になる代わりに、将来贈与者（親）に相続が発生した際には、この贈与はなかったものとみなされ、贈与財産を相続財産に加算した上で相続税を計算（つまり相続時に精算）する、というものです。

ただし、相続時精算課税制度による贈与税の計算期間は、従来規定のような1年間（暦年課税）ではありません。この制度を初めて選択適用してから、贈与者（親）が死亡するまでの期間となります。したがって、従来規定の「毎年の110万円の基礎控除」は適用されません。

そして、それまでの贈与の累計額が非課税枠2500万円を超えた場合に、初めて課税されます。その税率は20％の比例税率です。こうして支払った贈与税額は、相続税の前払いとなります。したがって相続税が課されないのであれば、この贈与税額は相続発生後に全額還付されます（つまり相続時に精算）。

相続時精算課税制度は、贈与した年の1月1日時点で60歳以上の親から、20歳以上の子や孫への贈与でなければなりません。そしてこの制度は、従来規定と選択適用となります。いったんこの制度を選択すると、もう従来規定に戻ることはできません。ただし、父と長男がこの制度を選択しても、母と長男や父と次男の組合せには影響ありません（従来規定でＯＫ）。また、その長男が父以外の人（母等）から受けた贈与は、従来規定が適用されます。

受贈財産に関して相続時精算課税制度の適用を選択した場合には、翌年の贈与税の確定申告においてその旨を申告しなければなりません（多少面倒）。また翌年以降も、この制度を適用している贈与者（親等）からの贈与があった場合には、金額の多寡にかかわらず（基礎控除額の１１０万円は全く無関係）贈与税の申告が必要となります。

(2) 相続時精算課税制度の利用法

以上を考えれば、この制度は通常の相続税対策には利用できません。相続発生の際には贈与がなかったものとされ、贈与財産が相続財産に加算されてしまうからです。

逆にこの制度は、相続税の課税に無縁な層における財産分けには、かなり利用価値があります。事実この制度はかなり利用されているようです。

実は、この制度は景気浮揚を目的として導入されたものです。つまり「贈与税を気にすることなく、お金が最も必要な時期である30～50歳といった子や孫に、親等の財産を贈与してもらいたい。そうすれば、それらの資金が住宅や教育といった方面に消費されるであろう」というわけです。「なるほど！」と言っていいものと思います。

ですから、子に1000万円といったまとまった資金を贈与したいと思ったら、まずこの制度を検討すべきです。確かにいったんこの制度を利用してしまえば、その後の贈与は面倒になります。しかし先に述べたように、配偶者経由で贈与を行う等の工夫をすれば、どうということはありません。やりようはいくらでもあります。この制度の利用をお勧めするものです。

一方、相続税が課されるであろう資産家の利用方法を考えてみましょう。

まずは、高収益のアパート等の建物だけをこの制度により贈与する手法が挙げられます。狙いは前節で少し詳しく説明したとおり、そこから上がる家賃を次世代に受け取らせることです。この点に関しては建物の評価額はかなり低めですから、2500万円でもかなりの規模のものが贈与できます。

場合によっては、2500万円にこだわらず、ドカンと贈与するのも悪くないかもしれません。たとえば1億円贈与しても1500万円（（1億円－2500万円）×20％）の贈与税です。そしてこれは相続税の前払いですから、税務署に預金（ただし無利息）しているようなものです。

また仮に、現在の評価は低いが将来的には明らかに高まるという資産であれば、相続税対策として、この制度の利用による低評価により次世代に贈与してしまう、という手法は大いに有効です。たとえば、公開が予想されている未公開株、高値で買収されることが確実な不動産等です。

第4節　その他の対策

1　生命保険の利用

生命保険は何かと便利です。まずは相続後に最も重要となる現金・預金を、死亡保険金としてまとまって入手できます。おまけに遺産分割手続きなしに、請求すれば1週間程度ですぐ受け取れます。これが相続税対策にもなります。

(1)　非課税枠の使い切り

これは、死亡保険金に付与されている法定相続人1人当たり500万円の非課税枠を使い切る、という単純明快な手法です。現在の70歳以上といった高齢者の多くは、あまり保険に入っていません。ですから死亡保険金の非課税枠が遊んでしまっているわけです。

仮に非課税枠が1000万円あったとした場合は、1000万円の預金を下ろして、同額の一時払いの保険の終身保険に入ります。これだけで1000万円の相続財産の減少です。利回りなどはこの際どうでもいいでしょう。5年後10年後に、きちんと1000万円の死亡保険金が支給されればいいのです。

ただし生命保険は通常は80歳までの人しか保険に入れません（しかし最近は、一部に90歳ぐらいまでOKという生命保険も登場しているようです）。また健康診断の結果で加入できないという問題もあります。

なおこの非課税枠に関しては、死亡退職金も法定相続人1人当たり500万円の非課税枠があります。名目だけの不動産管理会社といった、いわば「節税会社」レベルのものでも、しっかりこれを使い切りたいところです。

つまり、高齢により事実上リタイアしても、役員としての名は残しておきます。そして相続発生の際に、1500万円（法定相続人三人の場合）といった死亡退職金を支給します。この金額が相続税で非課税となるわけです。

(2) 保険料の毎年贈与

この手法は、親を被保険者とする終身保険契約に子が加入し（保険金受取人もその子とする）、子が払うべき保険料は毎年親が子に贈与する、というものです。そして、やがて発生する相続に際して、子がしっかり死亡保険金を受け取ることができるというわけです。

この場合、保険料は子が払っていますから、子が受け取る死亡保険金は相続財産ではありません。ただしこの死亡保険金には、受取り保険金と支払った保険料の総額との差額に対して、子に所得税が課せられます。しかしその差額はそう大きくありませんし、課税についても有利な一時所得が適用されるため、税額自体は僅少なものとなります。

実はかなり昔、国税当局はこの定型的な保険料の毎年贈与を認めていませんでした。しかし昭和58年に、贈与の事実を明白にする一定の事実（たとえば、親が子名義の通帳に毎年の贈与資金を振り込み、その子の口座から保険料を支払う等）を明らかにすることを条件に、これを容認する文書（58年9月の国税庁「事務連絡」）を作成しました。したがって贈与税についての心配は全くありません。

110万円の基礎控除を使って毎年贈与するのは、忘れてしまうことを含めけっこう面倒なものです。しかしこのように贈与を型にはめ込んでしまえば、イヤでも毎年の贈与ができてしまいます。保険の種類や金額を十分検討の上、子や孫達にこの手法をうまく使うと、多くの面での相続税対策が可能となるように思います。

2　その他

(1)　養子縁組

これは養子縁組により法定相続人の人数を増やすという手法です。節税対策規制により人数は大きく制限されましたが、まだ一人（実子がいない場合は2人まで）が可能です。これによる節税効果は、64頁で説明した税率の累進制の緩和を筆頭に、基礎控除や死亡退職金等の非課税枠の増大といったように、かなり大きいものがあります。

さらに孫を養子にし、その孫に多くの財産を相続させることにより、相続税の負担を1世代飛ばしてしまうという効果も狙うこともできます。とはいえこの強烈な効果を減殺させるために、養子縁組による孫に関しては、「相続税の2割加算」の対象とするという節税封じ策が講じられています（それでも、この手法がかなり有利であることは事実です）。

ただし養子縁組は、親族関係の身分の変動を伴います。さらには姓を変更しなければならない場合もあります。したがって養子縁組は、単なる節税対策といった面だけでは到底決められません。

養子縁組は、その節税効果の大きさを十分理解した上で、なおかつくれぐれも慎重に行う必要があるように思います。

相続開始が近くなってきたら、一度はやっておくべきものとして債権等の見直しがあります。要するに貸金の状況把握です。

(2) 貸金の放棄

親戚や友人等への貸金で、事実上返済が期待できないものがあれば、債権放棄の通知を出すべきです。当人でさえ貸金の回収が困難なものが、相続人にできるとは到底思えないからです。

ともすると皆さんは、「回収できないような貸金など、相続財産になるはずがないのではないか」とお考えかと思います。しかしこの常識的な発想は、税務署には通用しません。相手が法的に破産状態にあるといった状況にない限り、まともに課税してくると考えていただかなければなりません。

その意味から、最も注意すべきは**業績不振の自社**（被相続人が社長等になっている身内の会社）への貸金です。経営している会社が資金不足となれば、個人資金をつぎ込みます。このように自身の会社への貸金の累積が、数百万から数千万円に達しているケースは決して少なくありません。

放置すると、これらの貸金は当然にまともな相続財産とされ、この部分に対し軽く数百万の相続税が課されることが予想されます。何より税務署には、毎年そうした明細が記載されている法人税の申告書が提出されています。税務署によるこの点の見落としは全く考えられません。

であれば、返済を受けられる見込みのない貸金部分に関しては、しっかり放棄しておくことです（証拠を残す意味で、少なくとも債権放棄に関する書面を作成し、これに確定日付をとっておきたい）。ただし単に放棄すると、会社に同額の受贈益が発生し、多額の法人税が課されることになります。

しかし、こうした業績不振会社であれば、相応の税務上の繰越し損失があるはずであり、そうであれば受贈益はこれと相殺が可能となります。仮になければ、資本金に振り替える等の手法もあります。

いずれにしても、これらは顧問の税理士としっかり打ち合わせる等により、法人税が課されないような形で貸金を整理しておくべきです。

(3) 事前の費用支出

これは、近い将来において間違いなく支出する必要のあるものは、相続開始前に相続財産を支出することにより、これを減らしてしまおうというものです。

まずは自宅や貸家といった建物の修繕です。建物の評価は修繕の有無にかかわらず同一評価（固定資産税評価）ですから、やった者勝ちとなります。

一方、広い敷地の隅には、今後全く使用する当てのない古い（朽ち果てたというべき）物置や離れが残されている例も少なくありません。やがて取り壊すのであれば、今やっておくべきです。細かいことをいえば、こうした老朽化により使い物にならない建物にも、数万円程度の相続税評価が付されています。取壊しは、この評価をなくす意味をも兼ねています。

また相続開始後ともなると、土地の売却や物納等が行われます。そしてそれらには土地の測量がつきものです。今日この測量代がやたら高い水準（規模によっては500～1000万円にも）にあります。中には造成や整地を要するものもあります。こうした各種の費用も、しっかり生前に支出しておきたいところです。

親と同居しているのであれば、その親に一家の生活費の大半を出してもらう、という手法も悪くありません。一家の主として同居家族の面倒を見ること自体は、贈与とは別の問題です（息子夫婦に立派な収入があったとしても、親が世話をしてくれるというのであれば、受ければいいと思います）。また親の介護や通院をそれなりの目的として、親名義で新車（相応に高級であってもかまいません）を買うというのもあり得ましょう。

⑷　その他

ここまで述べてきたもの以外にも、相続税対策はいくつもあります。ここでは、納税者側が一番苦手な税務調査を念頭に置き、いわば税務調査対策的な話を簡単に説明します。何せこの時期であれば親がいます。気になる点を、親に（ご機嫌を損じない範囲で）しっかり確認しておくべきでしょう。なお税務調査についての詳細は第6章をご参照願います。

まず税務署は、推定相続人の預貯金口座に注目し、そこからの大口の出金を追求します。そしてその行き先不明の資金が隠し預金となっているのではないかと考えるわけです。したがって、相続開始が近くなってきたら、全体の資産を把握するという観点と同時に、一度は税務署員の気持ちになって、使途不明金的なものはないかチェックしておくことをお勧めします。

次に家族名義預金のチェックです。この家族名義預金は、追徴のドル箱的存在として税務署員が執拗に追求してきます。典型的なものは、専業主婦である配偶者名義の３０００万円といった多額の預金です。おそらくこれは、本来推定相続人のものが、単に配偶者の名義になっているだけであることから、相続財産に計上すべきものと考えられます。

とはいえ、「それでは配偶者名義にしておいた意味がなくなる」といったことになる場合も少なくないでしょう。そこで、過去における贈与の意図を明確化する手法はないか等、検討してみたいのです。

むろん子名義の預金も同様です。税務署はこうした預金の取り扱われ方等から、「実質的な贈与がなされていない」などとして、子名義預金を相続財産に加算しようとします。先の配偶者名義預金とともに、第6章の税務調査や前記第3節の贈与の項を研究の上、今からでも預金の取扱い等を研究しておきたいものです。

なお金融資産の把握作業には、親が使用している貸金庫内のチェックもしておいた方がいいでしょう。そこには親もすっかり忘れている、意外な「お宝」が入っているかもしれませんよ。

第4章

土地の時価を知る

不動産は少しも難しくない

はじめに

「土地の相続税評価は時価により行う」と相続税法に規定されています。そしてその時価を評価する手段として、国税当局が評価規定を定めています。あくまでもこの評価規定は時価を評価するためのものです。

この評価規定の出来映えがよければ何の問題もありません。しかしこれが相当に不出来ときています。評価が単に割高の傾向にあるだけでなく、時価を大幅に超過する可能性さえあります。となれば「何とかならないか」を考える必要があります。また、何とかなる可能性もないわけではありません。

それには納税者自身が「時価とは何か」「大雑把に言ってこの土地の時価はいくらぐらいか」といったことを、ある程度ご理解いただく必要があります。そしてこれに、それなりの路線価評価の知識を加えます。すると「やりようによっては、税額をそれなりに減らすことができる」ということも、実感でご理解いただけるようになりましょう。

納税者が依頼する税理士は専門職業家です。本来、彼らには土地の時価をも承知していてほしいのですが、現実的にはその方面は全くの不得手となっています。したがってそのような税理士に依頼するのであれば、そのお尻を叩く必要が生じてきます。「すべてお任せします」では、かなり余分な税金を払うこととなるからです。

実は不動産は少しも難しくありません。とにかく肩の力を抜いてリラックスしてお読みいただきたく思います。

第1節　時価とは

1　世の中は不動産を知らない

(1) 驚くべき世の不動産音痴ぶり

私は昔銀行員をやっていましたからよく知っていますが、金融マンは不動産を全くといっていいほど知りません。

金融マンだけではありません。同じく不動産知識等が必要なはずの弁護士等の実務家、さらにはマスコミや学者・評論家等々も同様です。中には例外の人もいますが、極めて限られていますす。そして税理士・会計事務所職員、さらには税務署員も不動産を知らないのです。

いずれにしても、世間一般の不動産に関する知識は、驚くようにお寒い状態にあります。その理由を少し考えてみましょう。

まず、世間一般では、「知識等の習得は机上の勉強で」という考えが根強いようです。しかし不動産知識・実力の養成には、「見て判断する」という実践行動が中心となります。机上の勉強だけではどうにもなりません。

つまり、**不動産は「実技」**です。今ではかなり難しい宅建の試験、さらには不動産鑑定士の試験の合格をもって「不動産を習得した」と考えるのは、「ペーパー試験だけで音楽大学を入学・卒業した音痴人間のようなもの」と申し上げておきましょう。

付け加えれば、不動産の入門書にいい本がほとんど存在しなかったというのも、その理由のひとつに挙げられましょう。鑑定士等による理屈の多い本や、その著者自身が不動産の実態を理解していないと思われるような本を読んでも、迷路に入るだけ。実力養成にはつながりません。

この際コマーシャル。拙著**『初めての不動産実務入門』**（近代セールス社）は、文句なしにお勧めの本です。こうした観点から、実務上に必須の知識にしぼって分かりやすく書いたものです（そのエッセンスが本章の内容です）。

不動産音痴が多い最大の原因は、世の中の不動産・不動産業務を軽視（さらには蔑視）する傾向も見逃すわけにはいきません。とりわけペーパー試験の難しさによって、世の中の序列が決まっているような風潮の悪影響が大きいように思います。

それやこれやから、中央省庁のエリート役人も、不動産を全く知りません。そして驚くべきことに、こうした不動産音痴が不動産の評価規定を作っています。それが相続税評価（国税庁）であり、固定資産税評価（総務省）です。なお相続税評価に関しては、近年それなりの改善が見られるのも事実ですが、まだまだ不十分です。

(2) 顧問不動産事業者を

不動産業務は、幅は広いし奥も深いものです。この枢要な不動産業務が世に軽んじられていることは、地主層等にとって極めて不幸というより他ありません。

世の中には、顧問弁護士や顧問税理士が存在します。しかし顧問不動産屋さんはほとんどいないようです。

確かに賃貸物件の管理を依頼している先はあるでしょう。しかしおそらくその依頼内容は「賃貸物件の管理だけ」だと思います。では不動産に関するもろもろの相談はどうしているのでしょうか。

これらを顧問の税理士や出入りの銀行員等に聞いてもダメ、ということはもうお分かりになっているでしょう。ですから身内の人や複数の不動産関係の人に、あれを聞きこれを聞きされているのだろうと思います。

しかし一般に相談事は、相談者の全体像が分からなくてはしっかりした答は出せないものです。まずは、信頼できる不動産事業者の方を、しっかりお探しになることをお勧めいたします。なおその人は、必ずしも不動産を本業でやっている必要はありません。本当に実務を詳しく知っている（それには背景に不動産人脈が必要）のであれば大丈夫です。ただし多くの人は、とりあえず「私は不動産が強い」などと言ってきますから、油断はできません。

いずれにしても、不動産の実務的な専門家が「執事」のような存在になってくれたら、地主層とすれば、これに過ぎる安心はないものと思います。

2　評価とは判断するもの

(1)　時価評価とは

最初に時価とは何かを考えておきます。時価についてはあちこちでいろいろなことを言っていますが、これを難しく考える必要はありません。

すなわち時価とは市場価格、分かりやすくいえば「（取引市場で）**売れる値段**」のことです。鑑定評価等でもっともらしく「○○万円である」と言われても、その値段で売れなければ何の意味もないからです。

では、この土地の時価はどうやって評価すればいいのでしょうか。そこで正しい土地評価方法の結論を申し上げます。それはズバリ「土地を見た上で、自分が買い主だったらこれにいくらの買値を付けるか」、これを考えることです。**評価とは「判断」**。とにかく自分の感覚で、エイヤッとやればいいのです。これで十分「当たらずといえども遠からず」の域に達します。

もっともこんな荒っぽい説明では、ご納得いただけないでしょう。そこで、これを実践していただくこととします。

(2) 時価評価の実践

まず次頁の写真Aをじっくりご覧ください。次に写真Bを同様に見ていただいたところで、質問です。先の写真Aの土地の単価を100とした場合に、写真Bの土地をいくらとお考えでしょうか。ポイントはあくまで**「買い主の立場」**です。

ここではっきり申し上げます。「私は素人だから分からない」は厳禁。とにかく山勘で、気分で、何でもけっこうですから押しの一手でお答えください。

皆さんの答えは、おそらく40~75といったところではないでしょうか。どう考えても、写真Bの土地は写真Aの土地に比べて劣りますよね。そう思っていただければ、とりあえずこれらの解答はみんな正解です。

実はこの「見て判断」は二つに区分されます。今の作業は第1段階の話でした。次に第2段階に入ります。たとえば50と考えた方を例に考えてみましょう。

写真 A

写真B

おそらくこの方はかなり潔癖症的な人ではないでしょうか。「どうせ土地を買うなら、写真Aのような立派な土地がいい。写真Bは何かむさ苦しくて。だから50程度とかなり安ければ買ってもいいが……」といった発想です。

しかし世の中には、「土地を買うなら、なるべく便利なところで面積も広く。購入資金に限りがある以上、見た目や使い勝手の面ではあまりうるさいことを言うつもりはない」という現実派の人もいます（ちなみに筆者はこのタイプ）。こうした人はおそらく70～75（80もあるかもしれませんが）の値を付けたように思います。

ではこのように40～75とBの土地の購入希望価格がばらけた場合、売り主は誰に売るでしょうか。それは一番高い人に売るに決まっています。この場合にはおそらくほぼ75で取引が成立するはずです。とすればこの数値が評価すべき時価（市場価格）となります。

つまり第2段階は、自分の好みや癖を認識した上で、「他の人はどう考え、その中で最も高値を出すような人ならいくらまで出すだろうか」を考えます。そしてその最高値が時価、すなわち求めるべき評価額となるわけです。なお、最初から一般人の考えだけを追求した方が手っ取り早くていいのですが、まず自分の考えをベースにした方が、無難かつ精度の高い判断が可能となります。

実は不動産のプロも同じことをやっています。プロと素人の違いは、経験の量的な差と多くの取引事例を知っているという点しかありません。考え方の基本は同じです。土地評価は理論・理屈ではありません。繰り返しますが、それは「**見て判断すること**」なのです。

ところで、写真Aの土地はなぜ写真Bの土地よりいいのでしょうか。実はこの両者の違いは、双方の道路の良否が判断された結果です。写真Aの道路は幅員が広い等により、写真Bの道路よりいいと感じられたのです。むろんそれが正解です。

いい土地とは、いい道路に接面した土地を指すといっていいと思います。そしてこうした考え方が、各道路（路線）に価を付けていくという相続税における路線価評価の基本となっています。この路線価評価の考え方・仕組みは、非常によくできているといってよいでしょう。

(3) 実践例・「面大減価」

次に、土地の値段に最も大きな影響を及ぼす、面積を題材とした評価の実践例を示します。この実践例は後にもたびたび引用しますので、ここはしっかりお読みいただきたく思います。

図表4－1をご覧ください。ここは東京地区のかなりの郊外で、交通もやや不便な住宅地です。そこに面積が40坪のA地があります。A地の時価は坪50万円です。一方、A地の隣には80坪のB地があります。B地は面積が倍である他は、地形を含めすべてA地と同様の状況にあります。

そこで質問です。B地の坪単価はいくらでしょうか。

図表４－１　40坪のＡ地と80坪のＢ地

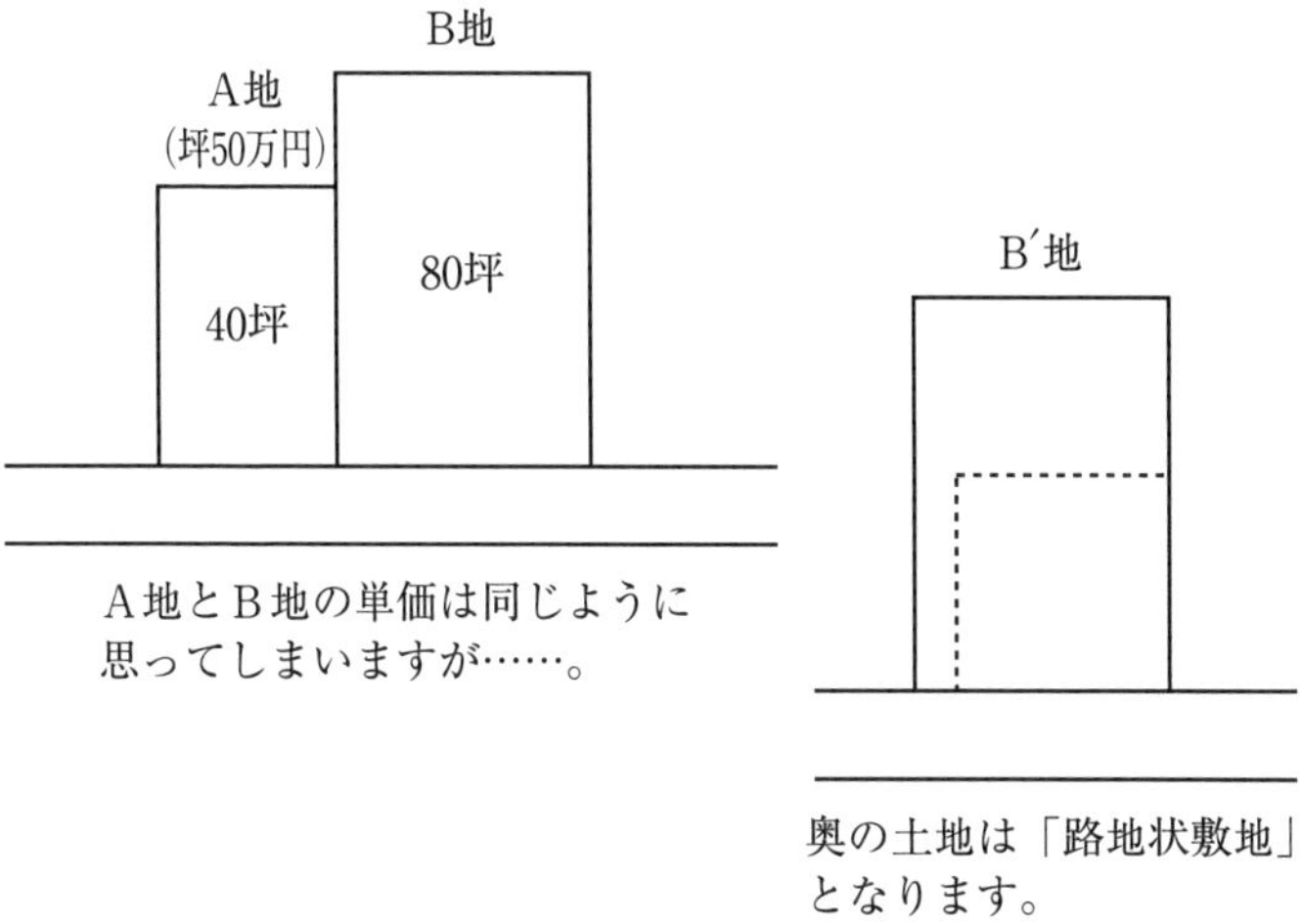

A地とB地の単価は同じように思ってしまいますが……。

奥の土地は「路地状敷地」となります。

ヒントはやはり「買い主の立場」で考えることです。むろん正解は坪50万円ではありません。それではおもしろくも何ともありません。

正解は坪35〜40万円といったところです。理由は、B地が坪50万円であればその総額は4000万円（50万円×80坪）となってしまうからです。つまり一般サラリーマンからは全く手が出ない金額（建物代を入れて6000万円近く）となってしまうわけです。

逆にA地が50万円で売れるのは、土地の総額が2000万円、建物代を入れても3500万円強であり、一般の人から見て十分射程距離に位置しているからです。

広い世の中には、土地代に4000万円を出せる人がいくらでもいるのも事実です。しかしそのような人は、このような不便な土地は買いません。また今時のマイホームには、無理してまで80坪の広さは不要です。こういう人は、もっと都心に近い便利な所に、40〜50坪の土地を探すに違いありません。

つまりこの土地には、面積が広過ぎるという一大欠点があります。そこでこの土地の二つへの分割を考えます。ただし間口がそう広くないため、真っ二つには切れません。したがってB′地のように分割することになります。

すると手前の土地は坪50万円でいけるでしょうが、奥の路地状の土地（これを「**路地状敷地**」ということにします）は2〜3割引にはなってしまいます。何よりこのような土地分割ができるのは建売事業者等しかいません。こうした事業者は土地分割のための分筆・測量費を含め、各種の経費や適正利益を必要とします。結局彼らの買値は坪35〜40万円となります。そしてこの金額が時価（売りに出して売れる値段）となるわけです。

この「A地40坪・B地80坪」の設例が示すように、一般に土地の面積が大きくなるにつれてその単価は減少していく傾向があります。これを鑑定評価では「**面大減価《めんだいげんか》**」という用語で説明しています。

図表４－２　不整形地

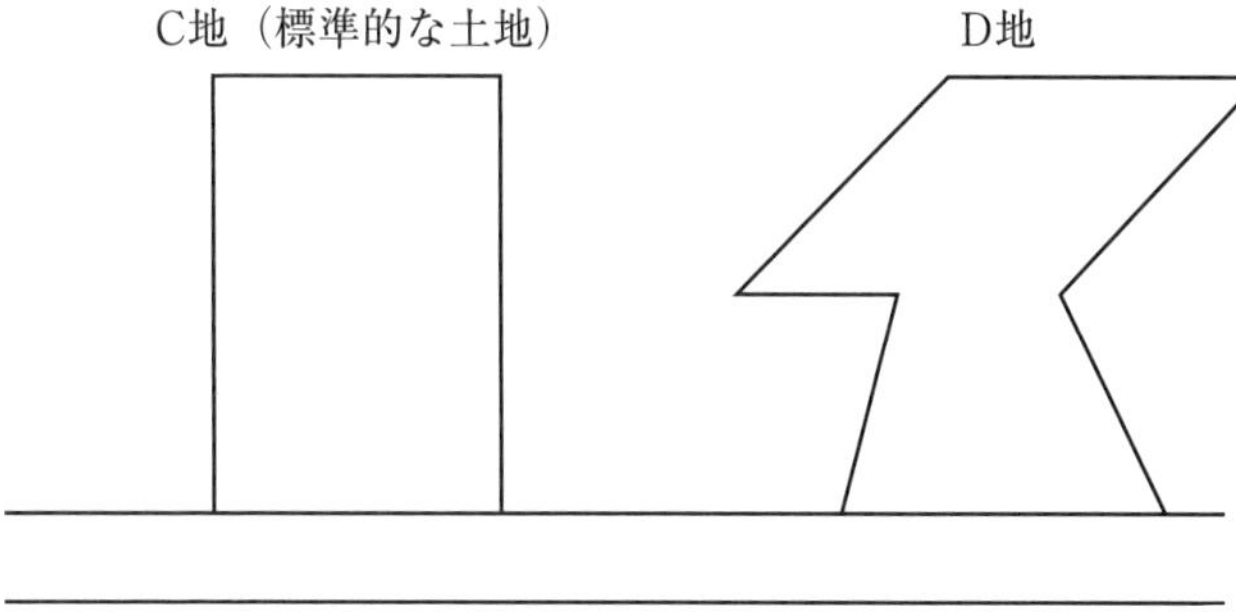

使い方を工夫すれば、D地もかなり有効に使えるはずですが……。

3　評価の手順

(1) 評価の二つの手順

今度は地形を題材とします。図表４－２をご覧ください。「左側の標準的なC地の単価を１００とした場合に、変形のD地の単価をいくらと考えるか」という話です。

ここは先に述べたことを忠実に実践していただけたらと思います。つまり「まず自分が買い主だったらいくらで買うか」。次に「こうした変形の土地をさほど嫌わない人は、いくらまで出すだろうか」を考えるわけです。すると、最終結論は60～70といったところとなるのではないでしょうか。

さて個別具体的な土地の評価には、必ず二つの手順を踏まなければなりません。ひとつめは、その土地の属する地域の地価水準を知ることです。いわば

「今あの辺りは坪100万円ぐらいらしい」といったところです。

ここで留意すべきは、この「坪100万円」の前提となった土地の条件が、特に長所も欠点もないその地域の**標準的な土地**（図表4－2のC地のような土地）であることです。一般住宅地でいえば、「道路幅員4mの公道に接面する整形の約40～50坪の土地」といったところでしょう。

ちなみに各道路に付されている相続税の路線価も、こうした標準的な土地を前提に評価した平米単価となっています。また公示価格もこの標準的な土地に対する平米単価を示しています。

ところで個々の土地は、地形や面積、接面道路の状況等々、土地の個別的要因の面でいろいろな特徴を持っている場合が少なくありません。したがって二つめの手順として、標準的な土地を前提に把握した地価水準（単価）に、こうした個別的要因を加減算する必要があります。

個別具体的な土地の評価を行うに際して、必要な二つの手順を算式風に示すと、下記のようになります。「この辺りは坪100万円ぐらいだが、地形が今ひとつだから、この土地の単価は坪80万円ぐらい」といったところです。

その土地の評価額 ＝ 地域の地価水準 ± 個別的要因

(2)「標準的な土地」の落とし穴

いま、地域の地価水準はその地域にある「標準的な土地」、つまり特に長所も欠点もない土地（住宅地でいえば、幅員4mの公道に接面する整形の40～50坪の更地）であると説明しました。しかしこの「標準的な土地」というのは油断がなりません。

「標準的な土地」というと、つい平均的な土地といったイメージを持ってしまいます。ところがどっこい、「標準的な土地」とはかなりの優良な土地です。

では「標準的な土地」を住宅地の事例とされた土地で、少し詳しく見てみましょう。まず「幅員4mの公道に接面する」というのは、私道や行き止まり状でもないきちんとした道路ということを意味します。次の「整形の」というのは地形が良好であること、さらに「40～50坪」は面積が広過ぎないことを示しています。そして最後の「更地」というのは、借家人や借地人がいない、完全な所有権を指します。要するにこの「標準的な土地」というのは、大手不動産会社の分譲地のような、最も売りやすい土地と同義語です。

(3) 地主層の現実の土地

では大地主の所有する土地を考えてみましょう。まず面積はかなり広いでしょう。地形もどうでしょうか。道路もどこまで入っているか。さらには少なからぬものが、アパートの敷地や借地人がいる底地となっています。要するに**右から左に売れるような「標準的な土地」は皆無に近い**わけです。

さらに本章で見たとおり、少し個別的要因に癖があると、以前のどこかのCMのように「**3割、4割引は当たり前**」となります。まず、136頁の写真で見たように、道路幅員が少し狭くなると25%引き、また「A地40坪・B地80坪」にあったとおり、面積が倍になっただけでも軽く2~3割引きです。そしてD地のような地形にもなれば4割引き近くにもなります。

現実の土地はこうした要素が折り重なっています。いわば「複合汚染」といった形です。したがって、それらの土地の単価は、「標準的な土地」(つまり地域の地価水準)の半値に近い水準と考えておくべきかもしれません。

そして次章で詳しく見る相続税評価の最大の欠点は、この個別的要因を過小評価している点にあります。つまり「3割、4割引が当たり前」の個別的要因に基づく減価率を、1~1・5割程度にしか見ません。ですから土地の評価額が、不自然に高く評価されるおそれが強いのです。

第2節　個別的要因(道路関係)

では前記算式の「個別的要因」を具体的に見ていきます。ただしその前に「まえおき」です。

土地の利用に関しては、都市計画法や建築基準法等の行政法規が、多くの厳しい規制を行っています。規制の目的を一言で言うと「**住みよい国土を造ることと、災害に強い国土を造ること**」の二つです。

個々の土地はこれらの規制を強く受けています。その結果、こうした規制の内容が各土地の価格に決定的な影響を与え、それが個別的要因を形成している場合がかなり多いわけです。

1　面　積

(1)　再び「面大減価」

先に、「A地40坪・B地80坪」の設例により面大減価を説明しました。面大減価が発生する主な理由は、全般的な地価の高騰に求めることができます。これにより一般の人の調達可能な資金によっては、限られた土地面積のものしか入手できなくなってきたからです。

ただし高級住宅地には面大減価はあまり当てはまりません。こうした一等地の購入者は、潤沢な資金を保有していることはもちろん、面積の広い土地が整然と集まっているからこその「高級住宅地」だからです。

さて「A地40坪・B地80坪」が示された以上、この際「C地150坪」を考えてみましょう。要するに、面積がB地のほぼ倍になったらどうなるか、という話です。

図表4－3　150坪の土地の場合

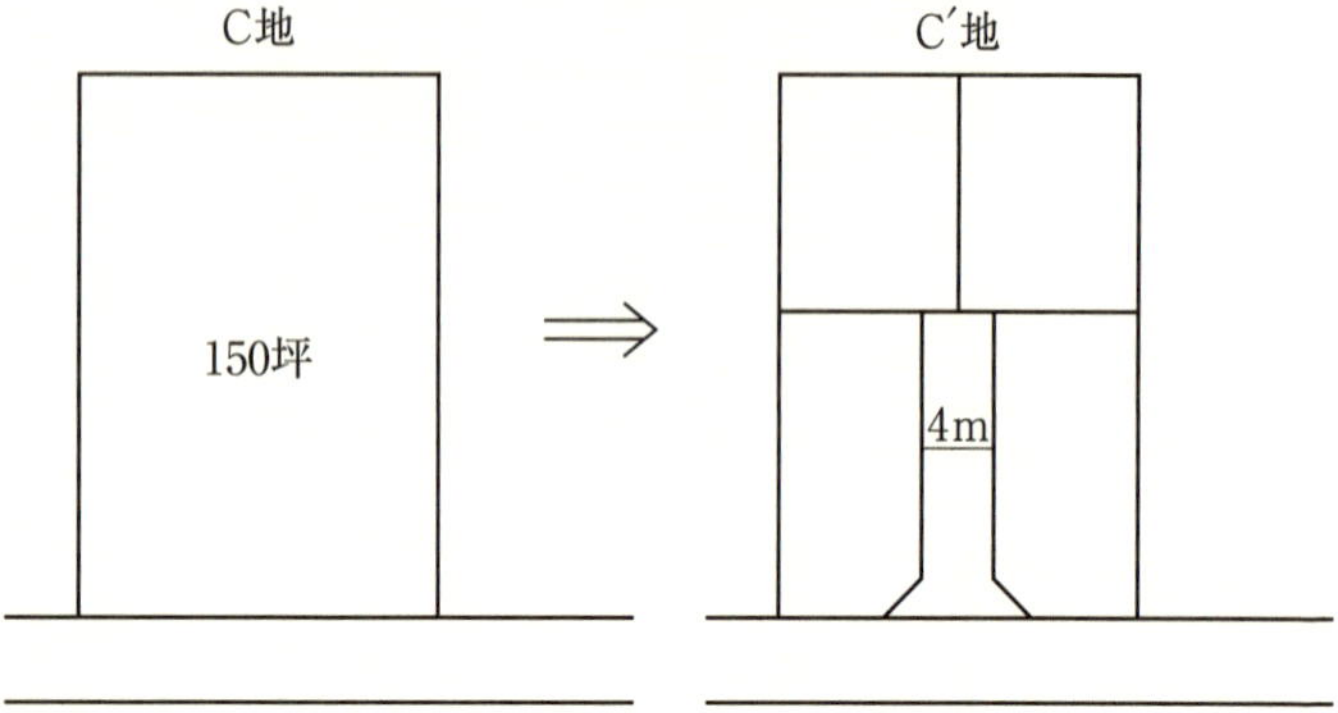

４分割するためには、私道を造成し、その下には上・下水道、ガス管の埋設を行うことになります。

結論をいえば、図表4―3のように真中に私道を造成することにより、土地を4区画に分割することになります。これで1宅地を約35坪弱にして一般の人が購入可能な土地代の総額にするわけです。

C地の買い手はやはり建売事業者になります。そして私道部分が0評価になること、造成工事代を要すること、奥の2宅地の単価がかなり下がること等により、この土地の単価はA地を100とした場合に70前後といったところになりましょう。

土地代の総額がポイントとなっている以上、まだ単価がそれほど高くない地方都市等では、面大減価に関する事情は大都市とはかなり違ってきます。

つまり坪単価が50～100万円といった大

都市圏では、最も高水準の単価が付される面積は30坪見当となります。30坪あればそれなりに立派な一戸建てを建てることが可能となるからです（１００万円を超える地域では、より狭い方がよい）。

ところが地方都市（県庁所在地クラスでも、郊外の良好な住宅地で坪20万円がほぼ上限）では、土地は最低でも60坪はないと具合が悪いようです。「30坪」などといえば、「建てるのは犬小屋ですか?」などと言われかねません。確かに、土地代が１２００万円以下で済めば、何も好きこのんで「犬小屋」に住む必要はないわけです。

(2) 開発行為

「C地１５０坪」の話に戻ります。このC地の真ん中に造成される私道は所定の要件を満たす「位置指定道路」（詳細は後述）でなければなりません。

しかしこうした宅地化して敷地を分割すること（これを「**開発行為**」といいます）の対象面積が５００㎡（約１５１坪。なお地方都市の場合は１０００㎡）以上の場合は、さらに話が面倒になります。そうした広い土地の開発行為を行う場合には、都市計画法の規定により、役所からの**開発許可**を受けなければならないとされているからです。

むろん許可の狙いは「住みよい国土の構築と災害対策」です。最大の眼目は道路です。どのよ

図表4－4　中堅会社による分譲地の例（中規模宅地開発）

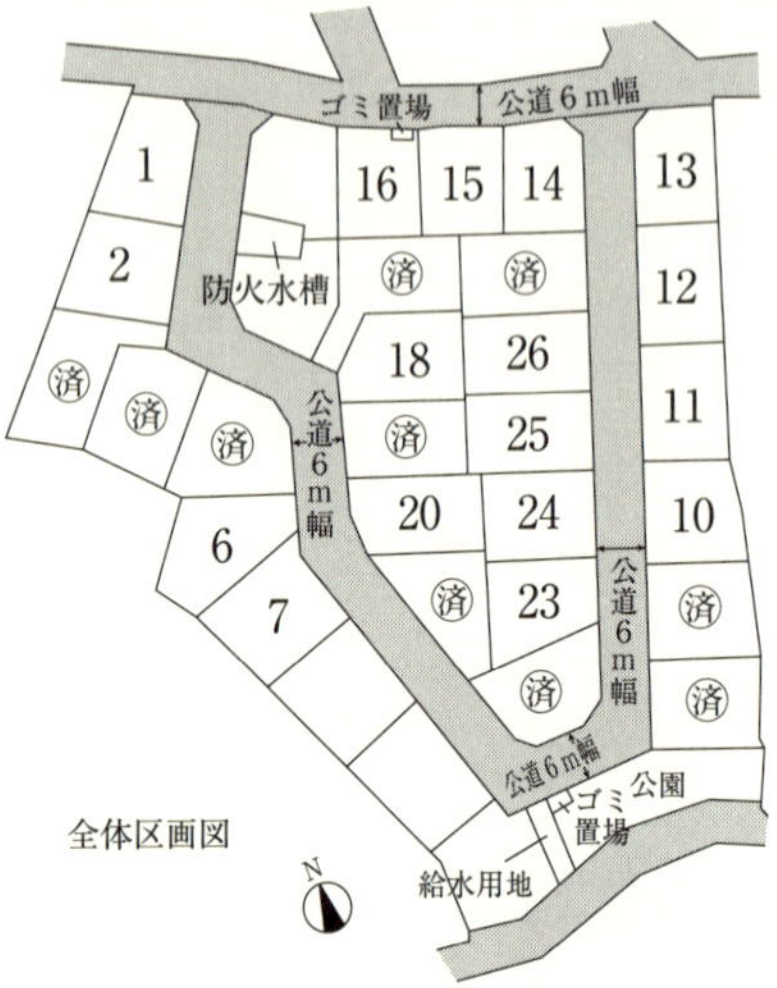

かなり広い土地を開発し、宅地分譲しているところです。
元の土地の地形がやや不整形であるため、道路の配置に苦心しています。
目的はとにかく、売りやすい面積で整形の土地（つまり「標準的な土地」）をいかに多く作るかにあります。

うな道路をどのように配置するかがポイントとなります。その基本は道路幅を広く（6mが目安）と、なるべく行き止まり状の道路を避けるといったところでしょう（図表4—4）。

しかし、道路は公共用地ですから、これには値は付きません。この他、開発面積が増えるにつれ、かなりの割合の公共用地（公園、遊水池、ゴミ置場、さらには学校用地までも）の提供を求められます。

したがって開発面積が増えてくると、販売することのできる宅地面積の割合（これを**有効宅地化率**といいます）は、徐々に減っていきます。大雑把にいって300坪（1000㎡）の有効宅地化率は70％見当、1000坪で65％、1万坪で60％、10

万坪ともなれば50％といったところでしょうか。公共用地の割合が増えれば、住環境は、よくなっていきます。事実、大規模住宅団地の住環境は、すばらしいものがあります。

この有効宅地化率の大小は、開発用地の値段に直接的な影響を与えます。むろん有効宅地化率が低い（つまり開発面積が広い）ほど単価は下がっていきます。また有効宅地化率は、そう広くない開発用地であれば、その土地の接道状況や地形によって（つまり敷地分割がやりやすいかどうかで）大きく変わってきます。

とはいえ、開発用地を購入する開発事業者の負担は、道路等の公共施設用地だけではありません。その膨大な造成費（供給処理施設の配管を含む）やこれらを分譲する際の販管費、借入金利息、実売までの期間の地価値下りリスク、さらには適正利益等々です。

有効宅地化率にこれらを加えれば、造成後の「標準的な土地」単価を１００とした場合、これらの開発用地の単価を大雑把にいうと、３００坪で55～60、１０００坪で50、１万坪で35、10万坪で30を下回る水準といったところとなりましょう。

こうした開発行為の実態は、面大減価の事実をまざまざと示しているといえます。

2　接道義務

土地利用に関して行政法規が行う規制のうち最も厳しいものが、これから説明する接道義務の規定です。この規定はまさに最重要であり、土地価格に決定的な影響を与えています。

(1) 接道義務と「欠陥敷地」

宅地はその土地の上に建物を建てて利用することに価値が見出されます。それは建築が禁止されている市街化調整区域の地価が、市街化区域に比べて段違いに低くなることからも明らかとなります。

ところが一般には意外に知られていませんが、建物を建てることができない（禁止されている）土地は、一般の市街地にも相当数あります。こうした「**欠陥敷地**」（筆者の造語です。外部では通用しません）は、世の中に少なくとも5％程度は存在するのではないでしょうか。

「欠陥敷地」の発生原因は、建築基準法の第43条の規定にあります。すなわち「**建物を建築する敷地は、建築基準法に定める道路に2m以上接面していなければならない**」とする規定です。この規定を一般に「**敷地の接道義務**」といいます。

つまり、建築を可能とする敷地には二つの要件があります。まず敷地の間口が2m以上あること。そして敷地が接面する道路は、建築基準法が認めたしっかりした道路（幅員は原則として4m以上）であることです。

立法趣旨は災害対策です。火事等に罹災したときに、「どのようにして逃げ、いかに救出・消火するか」が課題となります。そのために、「すべての建築物は、しっかりした道路にきちんと接面していなければならない」と定めたわけです。

(2)「欠陥敷地」の発生過程

この強烈な接道義務の規定は、戦後制定されました。当時の道路状況等から見て、接道義務を満たしている土地ばかりではありませんでした。さらには全般的な地価高騰による土地の細分化も、「欠陥敷地」の発生原因となりました。

そこでこれを、前記図表4－1（139頁）の「A地40坪・B地80坪」、さらに図表4－3の「C地150坪」（146頁）といった土地の細分化の過程から、「欠陥敷地」の発生状況を考えてみましょう。

先に述べたとおり、接道義務の要件は「間口が2m以上」と「建築基準法上の道路に接面」の2点です。

まずはB′地で生じた路地状敷地の間口が、果たして2mあるかどうかです。実は2mの幅とは意外に広いのです。乗用車の車幅が通常約1・8mであることを考えれば、2mとは「車がそこに入るはず」という理屈となります。

結論をいうと、昭和40年代の半ばまでの分割により生じた路地状敷地の幅は、ほとんど約1・

写真C　間口1.8mの「欠陥敷地」

この路地には、車は入りそうにありません。
こうした土地は、街のあちこちに見られます。

8m（つまり尺貫法でいう一間《けん》）になっています（写真C）。これで即「欠陥敷地」となります。

次に「C地150坪」を題材に、もうひとつの要件である「建築基準法上の道路に接面」を考えます。つまりC′地の中に造られた私道が、果たして建築基準法上の道路かどうかの問題です。

建築基準法は、土地の細分化のための私道に関しては、幅員4m以上であること、所定の角《すみ》切《き》りを確保すること等の要件を定めています。この要件を備え、さらに役所の調査を受けて初めて、「**位置指定道路**」という建築基準法上の道路に認定されます（写真D）。

しかしながら世の中には、この「位置指定道路」の認定を受けていない私道が少なから

写真D　位置指定道路

役所の認定を得た位置指定道路です。幅員は4m（奥の車の幅をご確認ください）。角切りもしっかり確保されています。

ずあります。写真Eをじっくりご覧くださ い。このような私道は、それほど珍しくないようにも思われます。こうした所にも、「欠陥敷地」が生じています。

中には、開発許可を受けないまま、広い土地を勝手に宅地造成し敷地を分譲してしまっている一団の土地もないではありません。そうであれば、これらの土地の大半は「欠陥敷地」となります。

さらに300坪といった広い住居の敷地内に、長男夫婦や長女夫婦さらには貸家と、無計画に何軒も建てているというケースもありましょう。しかしそういった場合にも、そのうちの少なからぬ家屋の敷地が「欠陥敷地」になってしまいます。

皆さん、街をじっくりご覧ください。そう

写真E　位置指定を受けていない私道

この私道は舗装されていません、角切りも幅員も不十分です。この私道は建築基準法上の道路ではないため、奥の２軒は「欠陥敷地」となります。

すればこうした「欠陥敷地」がそこここにあることにお気づきになると思います。

(3)「欠陥敷地」・無道路地の時価

ところで、「欠陥敷地」であるからといって、絶対に家を建てることができないというわけではありません。事実それらのほとんどの土地には、実際に家が建っています。

つまりそこには「合法的に家が建てられない」ということであって、違反承知で建てれば、事実上建築はできてしまいます。そして世の中では、これがある程度普通に行われているようです。ただしそれはあくまで、法令上「違法行為」となります。

では、標準的な土地を１００とした場合に、「欠陥敷地」の値段はいくらぐらいにな

図表4－5　無道路地の図

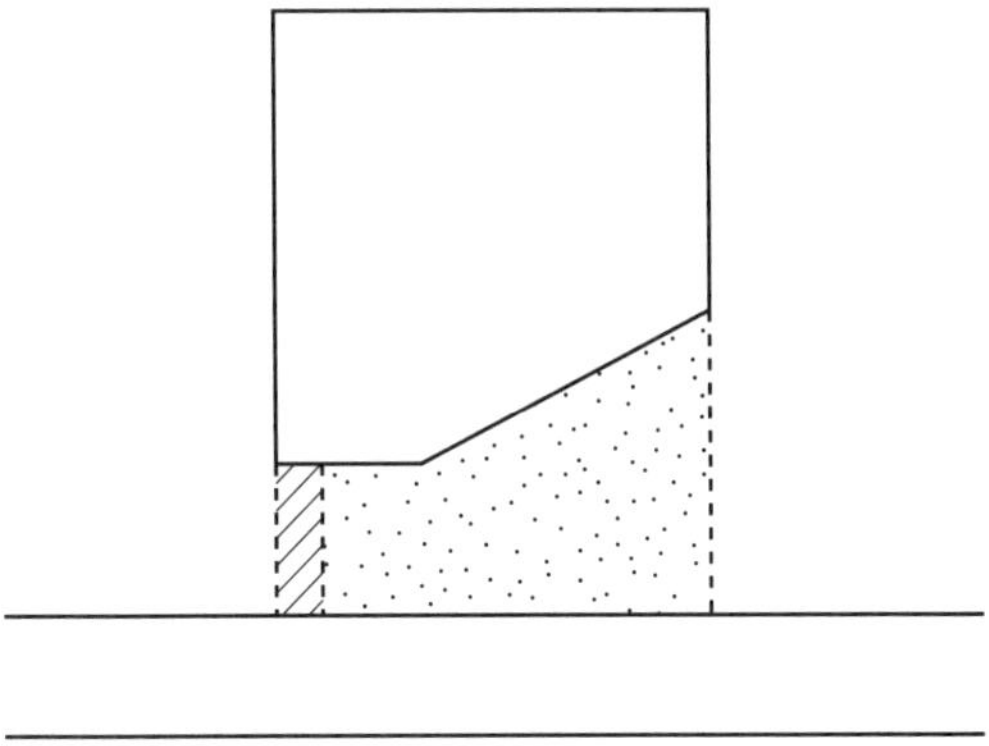

斜線部分（幅2m）の道路があれば、この土地は生き返りますが、無道路地ではどうにもなりません。むろん手前の[⁘]部分を合体することが理想です。

るでしょうか。何度も繰り返しますが、このような場合には「買い主の立場になって考える」が鉄則です。そしていかに欠陥が大きかろうが、それに見合うように大きく値を下げれば、買い主は必ず現れます。

これを考える前に、図表4－5のような無道路地の時価がどれくらいするかを考えてみましょう。この土地はこのままでは使い物になりません。しかし値が10以下程度であれば不動産事業者が買いに来るでしょう。狙い目は道路との境の土地（図の点々の部分）を、何が何でも買ってしまうことです。場合によっては、その所有者にこの無道路地を安く売るのもいいでしょう。

とはいえ、この交渉に失敗したらギブアップです。この失敗のリスクを考えれば、10を大きく上回る値段ではおいそれと買い取れないものと思われます（第一、そうした隣接地主との折衝は、元の所有者がやっているはずです。それがうまくいかなかったからこれを叩き売ろうとしたのでしょう)。

では、先の写真Cのような幅員1・8mの路地状敷地(つまり「欠陥敷地」)を考えます(ただしこの土地の上には古い家があるとします)。

この土地は、無道路地とはわけが違います。何といっても家屋が利用できます(家屋の利用自体は違法でも何でもありません)。これを賃貸すれば、周辺相場と大差ない家賃を取得することができましょう。おまけに将来的に路地をあと20㎝の幅で買い足せば、「欠陥敷地」から脱却できます。

それでもやはり、こうした傷ものの相場はガタッと落ちます。結論的には、この土地であれば30〜35といったところでしょうか。むろん条件が一層よくない「欠陥敷地」であれば、さらにその時価はかなり下がります。要するに、「欠陥敷地」の時価は半値を大きく下回る、3分の1、4分の1水準と考えられるわけです。

3　建築基準法上の道路

(1)　2項道路

先に、「建物を建築しようとする敷地は、建築基準法上の道路に2m以上接面しなければならない」と説明しました。そしてこの建築基準法上の道路の要件には、その道路の幅（幅員）は4m以上でなければならないと定められています。むろん主な立法趣旨は災害対策です。

4mの道路幅はかなりの広さです（153頁写真D参照）。タクシーの車幅が約1・8mですから、4m道路では車が何とかすれちがうことができる幅となります。ところが世の中には、「車1台が通るのがやっと」といった道路が山ほどあります。昔は車社会など全く想定していなかったのですから、それも当然といえましょう。したがって大雑把にいえば、世に存在する道路の約半数が、この幅4m未満の道路ではないでしょうか。

そこで建築基準法は現実的な対応をしました。つまりその「第42条第2項」の規定で、「昔から存在していた道路であれば、幅員が4m未満であっても建築基準法上の道路とみなす」と定めました。いわば既得権といったところです。そしてこの道路を、一般に「42条2項道路」（通常これを短く「**2項道路**」）といいます。なおここでいう「昔」とは、原則としてこの規定ができた「昭和29年10月以前」を指します。

世の中には、得体の知れない路地や通路が実に数多くあります（写真F）。そうした路地や通路が「2項道路」の指定を受けていれば、その路地等に接面する敷地には、建物の再建築はOKとなります。しかしそうでなければ、それらの敷地は「欠陥敷地」です（154頁写真E）。それが「2項道路」に該当するかどうかは、その敷地の価値に天と地の差を生じさせます。

写真F　街で普通に見られる路地

幅員約1.4mのこの路地の奥には、何軒もの家が建っています。しかしこの路地は建築基準法上の道路とは思えませんが……。

なお「2項道路に該当するかどうか」等、接道義務の関係は、市役所の建築指導課へ出向けばすぐ教えてもらえます。

(2)　セットバック

しかし建築基準法は、「2項道路」に対しても幅員を4mに広げることをあきらめません。そこで「2項道路」に接面する敷地に建築を認めるに当たって、強烈な条件を付けました。すなわち図表4－6のように、「再建築に際しては、道路中心線から2m離れた線までその敷地を後退させよ」です。この敷地の後退を一般に「**セットバック**」と称しています（写真G）。

実はセットバックは長期間ほとんど実施されていない、いわば「ザル法」といった存在

図表4－6　2項道路とセットバック

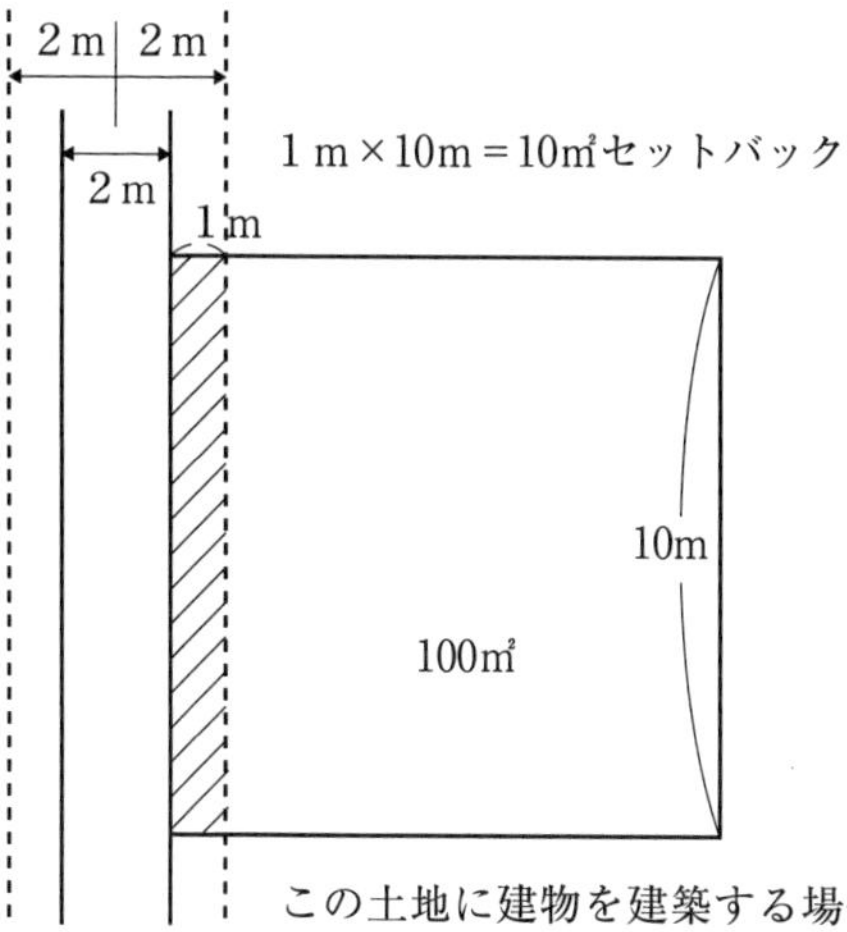

この土地に建物を建築する場合には、斜線部の敷地10㎡を後退させなければなりません。

でした。しかし平成元年頃から行政は、がぜん厳しく指導するようになりました。その結果それ以降は、少なくとも東京23区では新築等を行う際には、その9割以上でセットバックが実施されているようです。

となると図表4－6の100㎡の土地を評価する場合には、セットバックを要する10㎡は「ない」と思わなければなりません。これを購入する人は新築するはずですし、その際には必ずセットバックを要請されるからです。したがって、現在ほとんどの土地取引にあっては、セットバック後の有効宅地面積を前提に値付けをしています。

(3)　私道の評価

先に位置指定道路といった私道の話をしま

写真G　セットバック

元の道路幅がかなり狭いため、左側がバッサリ、セットバックとなりました。むろんやがては右側もそうなるはずです。

した。通常こうした私道は、その私道を囲む敷地の所有者が共有しています。つまり（146頁図表4－3のように）敷地を4分割した場合には、4分の1ずつの持分が共有になっているわけです。そこで「私道そのものの時価はいくらか」を考えてみましょう。

結論を述べます。ズバリ、私道の時価はゼロです。ただし私道に価値がないというわけではありません。たとえば私道の奥の土地にとっては、私道の持分を併せ持っているからこそ、通常の評価が可能となります。仮に私道持分を有していなかったら、奥の敷地本体の価値はその権利の危うさ（私道の通行権等）によってかなり下がってしまいます（いわば瑕疵《かし》物件）。

したがって、私道持分の価値は、実質的に

敷地本体に含まれていると考えなければなりません。本体の敷地をまともに評価した上で、「併せ持つ私道の共有持ち分の価値はいくらか」などという質問自体がナンセンスといえましょう。

ただし次章で見るとおり、この点について相続税評価が妙なことを言っているので、これを明確にしておいたわけです。

第3節　その他の個別的要因

1　地　形

地形については前に少し説明しましたので、ここでは簡単に見ていきます。まずは図表4－7をご覧いただきましょう。標準的な左の土地の単価を100としたときに、右の土地の単価はいくらだと思われますか。

いつものとおり買い主の立場で判断していただきます。結論的には、いくらがんばっても65がやっとでしょう。

地形の良否は、土地の価格に直接的な影響を与えます。地形のよくない土地は、使い勝手といった機能面で劣るだけではありません。何といっても見た目がよくありません。見た目のよくない土地の値段は、理屈（機能面）以上に大きく下がってしまいます。

図表４－７　地形のよくない土地

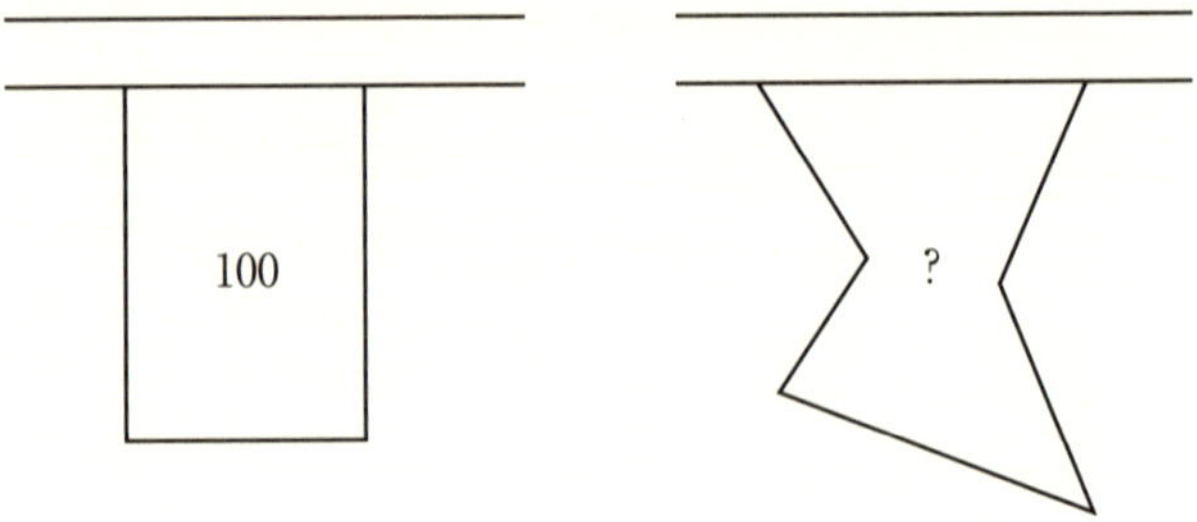

見た目の影響は極めて大きいと言えます。筆者のように「合理的」な発想をする者は、「なぜそこまで下がるんだろう」と思わないわけでもありません。

しかし市場価格は理屈抜きです。市場で下がる以上は、それが時価なのです。

実はこの図は、少し前の相続税評価と全く同じ評価方法をとっている固定資産税評価において、行政側（旧自治省）が不整形地の評価事例として示したものです。そしてそこに役所が示した評価は、腰を抜かさんばかりの数値となっています。その数値がいくらであるかは「後のお楽しみ」ということにさせていただきましょう（詳細は、次章をご参照）。

2　建ぺい率・容積率

(1)　建物の規模を制限する

都市計画法や建築基準法は、敷地面積との関係でそこに建築することのできる建物の規模を制限しています。災害対策や居住性

図表4－8　建ぺい率と容積率

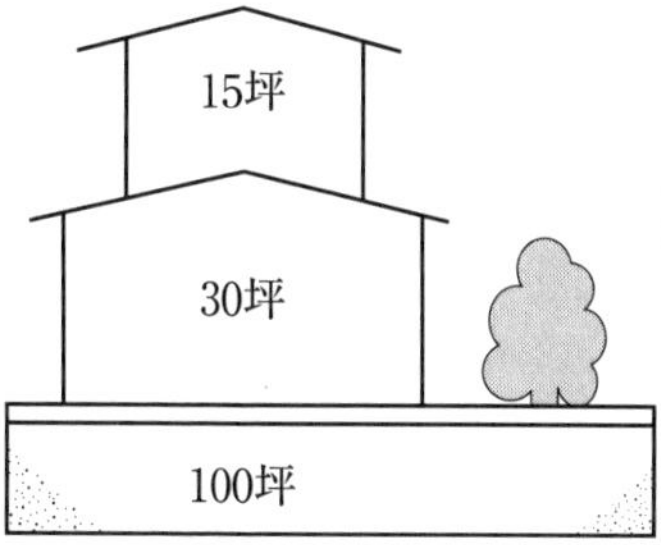

100坪の土地上に、１階30坪、
２階15坪の建物がある場合、
建ぺい率は　　　30÷100＝30％
容積率は　（30＋15）÷100＝45％
となります。

の確保等のための過密防止策です。

この制限を行う手段として、建築基準法は建ぺい率と容積率という二つの数値を設けました。**建ぺい率**は敷地面積に対してのほぼ1階部分の面積の割合、**容積率**は敷地面積に対する建物延べ面積の割合です（図表4—8）。そしてこの両者の上限の数値が、全国すべての地域に指定されています。

たとえば、一般の住宅地であれば建ぺい率が50％で容積率が１００％（通常これを（50、100）と表示し、「50の１００」と読みます）、商業地であれば建ぺい率が80％、容積率が４００％（つまり（80、400））といった指定が多くなります。繰り返しますが、この容積率４００％というのは、「建物の延べ面積は、敷地面積の4倍を超えてはいけない」という意味です。

ところで今まで述べてきたように、住宅地は敷地の細分化が進んできました。東京地区では30坪前後が最も好まれる面積と言えるでしょう。

この土地に適用される建ぺい率等が通常の（50，100）であれば、延べ30坪というまずまずの規模の家が建ちます。しかしこれが（40，80）、ましてや（30，60）ともなれば、建物面積は極めて不十分となります（つまり延べ面積が前者が24坪。後者であれば18坪）。

こうした地域（都心から最も離れた外延部が大半）では、敷地をゆったりとってほしいという行政側の発想があります。ちなみに、東京の高級住宅地の代名詞的な存在である田園調布の指定は、両者の最低の数値である（30，50）です。要するに、「敷地の細分化はしないで、お屋敷街を維持してほしい」というわけです。

(2) 容積率の重要性

この両者の数値は、土地の値段にかなりの影響を与える場合が少なくありません。とりわけ容積率は、「なるべく大きな建物を建てたい」といった土地については、死活問題というべき影響を与えます。つまりマンション用地や高度商業地におけるビル用地等です。

こうした土地の価値は、その土地の上に延べ何坪の建物を建てることができるかで決まってきます。例えば図表4－9、容積率８００％で面積が２００坪の甲地と、容積率４００％で面積が４００坪の乙地が、大通り沿いに隣接しているとします。するとこの両地の価値は同じとなります。その理由は甲・乙双方の土地上に建てることのできる建物の延べ面積は、双方１６００坪と

図表４－９　容積率と地価

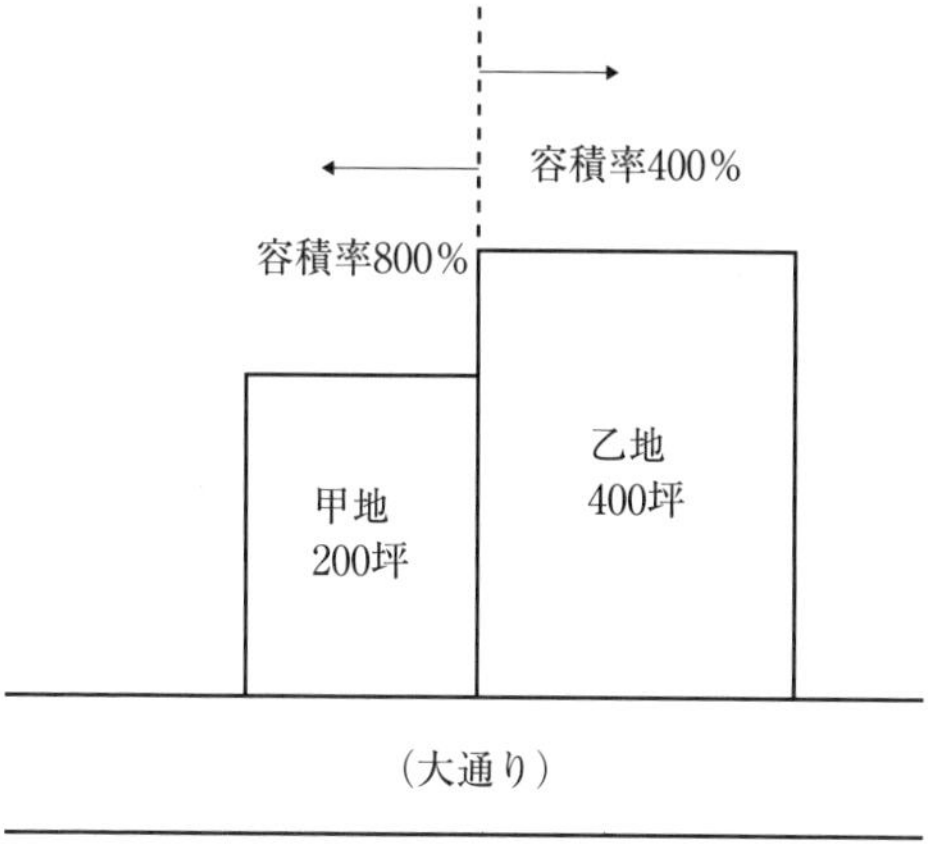

200坪×800％=400坪×400％=1,600坪と
両地の最大延べ面積は等しくなります。

等しいからです。

面積が半分にもかかわらず、価値が乙地と同じということは、甲地の単価は乙地の2倍ということになります。そのとおりです。甲地の容積率は乙地の2倍だからです。要するにこうした高度商業地の地価（単価）は、ほぼ容積率に比例するのです（マンション用地も同じ）。

そしてビルオーナやマンション事業者等がこの土地を購入した場合には、必ず上限の1600坪の建物を建てます。それを目一杯に利用・賃貸・分譲することを前提に、事業採算を立てているからです。

とはいえ容積率が重視されるのは、前述のとおり「なるべく大きな建物を建てたい」という用途の土地に限られます。逆に、木造2階建てがせいぜいといった一般住宅地にあっては、容積率の影響はさして大きくありません。

いずれにしても土地評価にあっては、それが建ぺい率・容積率の影響をどの程度受けるかを、しっかり考える必要があるわけです。

なお行政側が決めているこれらの数値は、街の都市計画の内容全般を示している「**都市計画図**」に記載されています。不動産関係者にとって都市計画図は、土地利用や土地価格を考える場合には、必ず見なければならない最重要資料となっています。

3　その他

(1)　借地権と底地

借地権とは、「建物所有を目的とする土地の賃借権（または地上権）」です。要するに土地を借りている権利なのですが、土地の利用目的が駐車場とか資材置き場等ではなく、建物を建てることにある点がポイントとなります。つまりその土地上には、借地人名義の建物が建てられているわけです。

本来借地契約に基づき、20年とか30年といった契約期間が満了すれば、土地は地主に返すこととなります。しかし借地法が、特殊事情（立法当時は戦争遂行のため）により、実質的に「期限満了になっても土地を返す必要がない」と定めてしまいました。ある意味で、借地人は無制限に土地を借り続けることができるようになったわけです。

さらに何やかにやの事情で、地代水準も極めて低い水準に抑えられています（今日の地代も、大雑把にいってその土地の固定資産税の3倍程度）。したがって、借地人は極めて安い地代で超長期間この土地を使用できるわけです。となると、この「安く、長く借りることができる」という権利（借地権）には、かなり多額の経済的価値が生じます。事実この借地権は土地と同じように、市場で売買されています（売りづらいのも事実ですが）。

そうであれば逆に、借地権の付いた地主が有する土地（これを一般に**底地**といいます）の経済価値は、ガタ落ちとなります。地代は論外に安い上に、借地期限が到来しても土地を返してもらえません。ですからこれを売りに出しても、買い手はいません（値がバカ安であれば話は別ですが）。

とはいえ借地権者もそう安泰ではありません。現実には借地期限になると、相応の更新料を地主に支払うことになります。建物の建替えや借地権の売却には、地主への承諾料の支払いを要します。また借地権はほとんど銀行ローン等の担保になりません。

結局、借地権と底地の二つに権利が分かれていることが、お互いの不幸というべきです。つまり「借地権の値段＋底地の値段＜更地価格」です。そしてこの格差はかなりの幅（更地価格の3

～4割）に達します。

望むべきは、前章の土地の整理の項で述べたとおり双方の合意により、二つの権利を解消し通常の所有権に戻すべきでしょう。

とはいえこうした折衝は、土地の状況や当事者双方の都合等によって、なかなかうまくいきません。しかし地主も借地人もお互い歩み寄って、「解消」の話を結実させることが、両者にとって大きなメリットになると思います。

(2) 崖地・傾斜地

昭和40年代に実施された「線引き」は、市街化区域を必要以上に広めに指定しました（おそらく農業団体等からの強い要請があったのでしょう）。したがって本来は緑地として保全すべきと思われる丘陵（さらには「山」というべき部分まで）も市街化区域に編入されました。

地価がぐんぐん上昇していた時代にあっては、これらの台地や丘陵のかなりの部分は、多大な造成費を投入しつつ住宅地として開発されていきました。人口も増加傾向を示し、宅地のニーズはずっと右肩上がりと考えられていたからです。

しかし今や時代は変わりました。それでもまだ多くの市街化区域としての丘陵や山が残っています。以上は傾斜地等をマクロ的に見たものです。

個別具体的に考えてみても、こうした傾斜地・崖地は頭の痛い存在です。多少の傾斜程度であれば、宅地としての利用は可能でしょうが、人が普通に立っていられないほどの傾斜があれば、もう利用はほとんど不可能となります。

まして崖地ともいうべき急傾斜地は、利用価値は事実上皆無です。それでも樹木が茂っていれば、庭の延長線としての効用はあるかもしれません。ですから経済価値はゼロ、ともいいきれないのかもしれません。

しかし崖の経済価値は、多くの場合はゼロを通りこしてむしろマイナスとなります。とりわけ市街地にあれば、生え過ぎた枝等の伐採が必要となります。まして台風等で幹が折れたり崖が崩れたりすれば、その復旧費用は相当の金額に上ります。運悪くそれが元で人身事故など起こした日には、目も当てられません。こうなると「貧乏神」にすら見えてきます。

最近はなぜか地震や風水害が頻発しています。これらにより土砂崩れ等の発生する可能性のある土地は、山裾の平地であってもその市場価値は大きく下がります。大都市近郊といった相応の市街地にも、こうした土地は少なくありません。

(3) 個別的要因を的確に認識する

以上の他にも、個別的要因は枚挙にいとまがありません。まずは北傾斜の裏地のように日照の不良な土地、道路に比べて低い土地や著しく高い土地等、前述のもの以外にも、自然環境に起因しての個別的要因はいろいろあります。近年では、土壌汚染も喧伝されています。

次に、人工物との関係を考えてみましょう。典型的なものは、高速道路や線路脇に位置することによる騒音に悩まされるケースです。また大きなビルにより日照を妨げられた土地、ゴミ焼却場や墓地といったいわゆる嫌悪施設の近隣の土地等々です。

全国に広域的に配置された高圧送電線の存在には大きいものがあります。その直下の土地が受ける建築制限等はもちろんですが、それに近い地域の土地、とりわけ鉄塔のそばの土地等は大きな圧迫感を受けます。

また都市計画等による土地利用の規制に関するものもあります。まずは都市計画道路予定地等の各種都市施設の予定地です。これらは建築物の制限やそもそも建築自体が禁止される場合もあります。さらに、土地区画整理事業が実施されれば、その後何年もの間、実質的に土地の利用や処分ができなくなります（とりわけ近年は、事業がストップしているケースが多い）。こうした利用制限等は、土地の値段に影響を与えないはずがありません。

以上のとおり、個別的要因には多種多様のものがあります。そしてそれらのほとんどすべてが、土地の値段を大幅に引き下げる要因となっています。精度の高い評価を行うには、これらを的確に認識する必要があるわけです。

第5章

お寒い評価規定

税額は土地の評価次第

はじめに

税務にもかなり強い不動産の実力者が、先日おもしろいことを言っていました。「イヤー恥ずかしながら、土地の相続税評価がここまでひどいとは考えもしていなかった。だって国税庁という霞が関の偉い人が評価規定を作っているんだから……。しかしほとんどの人は、未だにこの規定は優れていると思っているんだろうな」と。

全くそのとおりです。そこで土地の評価規定がなぜそこまで不出来かを簡単に見ておきます。理由は二つに凝縮することができます。

まずは世の複雑なすべての土地を、不動産の素人ともいうべき人が簡単に評価できるようなものにしなければならないこと。これにより評価規定は気の遠くなるような簡便（画一的かつ大雑把）なものとなっています。

もうひとつは、国税当局が不動産を勉強（つまり理解）しないまま評価規定を作成していること。そして当局によるご都合主義的な解釈や面子優先の対応が、より状況を悪化させている点も忘れてはなりません。

これらを踏まえ、本章は、「どうすれば土地の評価額を低くすることができるか」について、

「相続力」養成の観点からも論じています。いわば「私のノウハウの開陳」といっていいのかもしれません。その意味から、「評価引下げ策」の実質的なレベルは、かなり高いものと自負しています（そこら辺の節税本などとは比較になりません）。

ただし内容自体はかなり易しく書かれています。前章と同様、やはりリラックスしてお読みくださるようお願いいいたします。

第1節　路線価評価 総論

1　税務関係者も不動産は全く苦手

(1) 税理士

前章で、金融マンや弁護士を含む世の中のほとんどすべての人は、不動産が苦手と述べました。そしてある意味当然ながら、税理士も全く同様の状況にあります。つまり（ごく限られた例外を除き）、税理士は不動産を知らないというより他ありません。

しかし適正な相続税の申告には、土地の正確な評価が必須となります。にもかかわらず、多くの税理士が不動産を不得手とする理由のひとつに、税理士試験制度が挙げられましょう。

税理士試験は5科目の合格が必要です。うち2科目は簿記論と財務諸表論という会計科目（他の3つが税法科目）です。法人等の経理は簿記会計の上に成立しており、会計が分からなければ法人税等が理解できないからです。

しかし相続税等は不動産の上に成立しているはずなのですが、不動産は試験科目に入っていません。その意味からすれば、税理士が不動産を不得手とするのも無理ないのかもしれません。

とはいえ一般に税理士は勉強家です。商法や社会保険等の周辺業務で、実務に必要と思われるものはマスターしてしまいます。にもかかわらず不動産に限っては、全く勉強の対象から外されています。やはりこれは、社会一般にある不動産軽視の風潮によるものと思われてなりません。

(2) 税務署員等

新たに税務署員になった人は、税務署等へ配属される前に、付属の研修機関でかなりの知識を叩き込まれます。そこでも不動産は勉強の対象に入っていません。したがって税務署員も、不動産評価の全くの素人にすぎません。

ちなみに税務署員と折衝する際に、少し不動産の話をすれば、相手がどの程度不動産を理解しているかは手に取るように分かります。あえて「素人」と言うのは、その上での話ですから間違いありません。

税務署員は、評価通達をはじめ内部的に規定されている内容はよく知っています。彼らも勉強家なのです。ただし税務の法令・通達等に無関係のものには一切関心を示しません。ですから彼らは視野が狭く、本来の実務的な不動産はほとんどダメなのです。

さらに当然というべきか、こうした評価規定等を作っているお役人が不動産を分かっていません。土地の評価規定の内容は、評価の素人が作成したとしか思えないのです。

国税庁は、他の税制に関しては大変ながんばりを示しています。経済事象は日々新たな事態が生じています。となると税制もそれに俊敏に対応して、精緻な税制を構築する必要があります。事実そうしているのです。こうした当局の力量は、見事というよりほかありません。

その一方で、同じ国税当局による土地評価への軽視や無関心。これこそが、評価規定がお寒い状況にある最大の理由であると思います。

2　路線価評価の仕組み

(1)　法の定めと評価通達

相続税法（22条）は、相続財産は時価（客観的な交換価値）で評価すべしと定めています。とはいえ時価というのは、全くつかみどころがありません。そこで国税当局は、財産評価基本通達（**評価通達**）という評価規定を定め、時価とは「この通達の定めによって評価した価額による」と規定しました。この評価通達が定めている土地に関する部分を、一般に「路線価評価」と称しているわけです。

ただし評価通達は、あくまで法の定める時価を評価する手段です。また「通達」とは、役所の上部機関が下部機関へ行う命令書のようなものです。つまり評価通達は納税者を拘束することはできません。

とはいえ時価がとらえどころがない以上、納税者もこれを頼りに評価するしかありません。何より評価通達どおりの評価であれば、税務署はそれを否定しない（できない）ため安心なのです。

その結果、財産評価のほとんどすべては、評価通達の規定どおりに行われています。結局のところ、評価通達は法律のような存在となっているわけです。

(2) 評価の基本的な仕組み

さて納税者は、被相続人の相続開始（死亡）後10ヶ月以内に、すべての相続財産を評価した上で、相続税の申告をしなければなりません。とはいえ納税者やその代理人である税理士は、不動産は不得手です。

となれば評価規定は簡便性が最も重要視されます。結果として、評価の正確性は二の次となります。この点を批判しても仕方がありません。こうするより他ないのです。

さて前章で説明したように、一般に個々の土地の評価を行うには、下記の算式で示されるように二つの手順を要します。そして土地の良否は、その接面道路の良否で決まります。そしてこの点が、各道路（路線）に価を付けていくという路線価評価の基本となっています。

これを具体的に言えば、その道路に接面した「標準的な土地」の平米単価（つまり路線価）をその道路に設定します。これらの路線価を地図に記入したものが、次頁の路線価図です（図表5－1）。

つまり路線価は、先に算式で示した評価の二つの手順のうち、「地域の地価水準」を示しています。つまりその道路沿いの土地がここでいう「その地域」に当たるわけです。

もうひとつの「±個別的要因」は、次節で詳しく述べる「規模格差補正率」「奥行価格補正率」「間口狭小補正率」「不整形地補正率」といった各種の補正率でこれを調整します。なおこの補正率は、普通住宅地、繁華街地区、中小工場地区といった七つの地区区分ごとに決められています。

このように路線価評価のシステムは、評価の基本が接面道路の良否であることを基礎に置く等、基本的にはよくできています。

個別の土地の評価額＝地域の地価水準±個別的要因

図表5－1　路線価図

各路線に微妙に数値の違う路線価が付されています。たとえば520Cは１㎡当たり520,000円を表します。数字の後のCは借地権割合で、その内容は左上の枠外に記されています。この路線価図の南側はCで借地権割合は70%、北側はDで60%です。

右上の枠外の30は「平成30年分」を表します。

また、行き止まり状の路地には路線価が付されていない点にも留意してください。

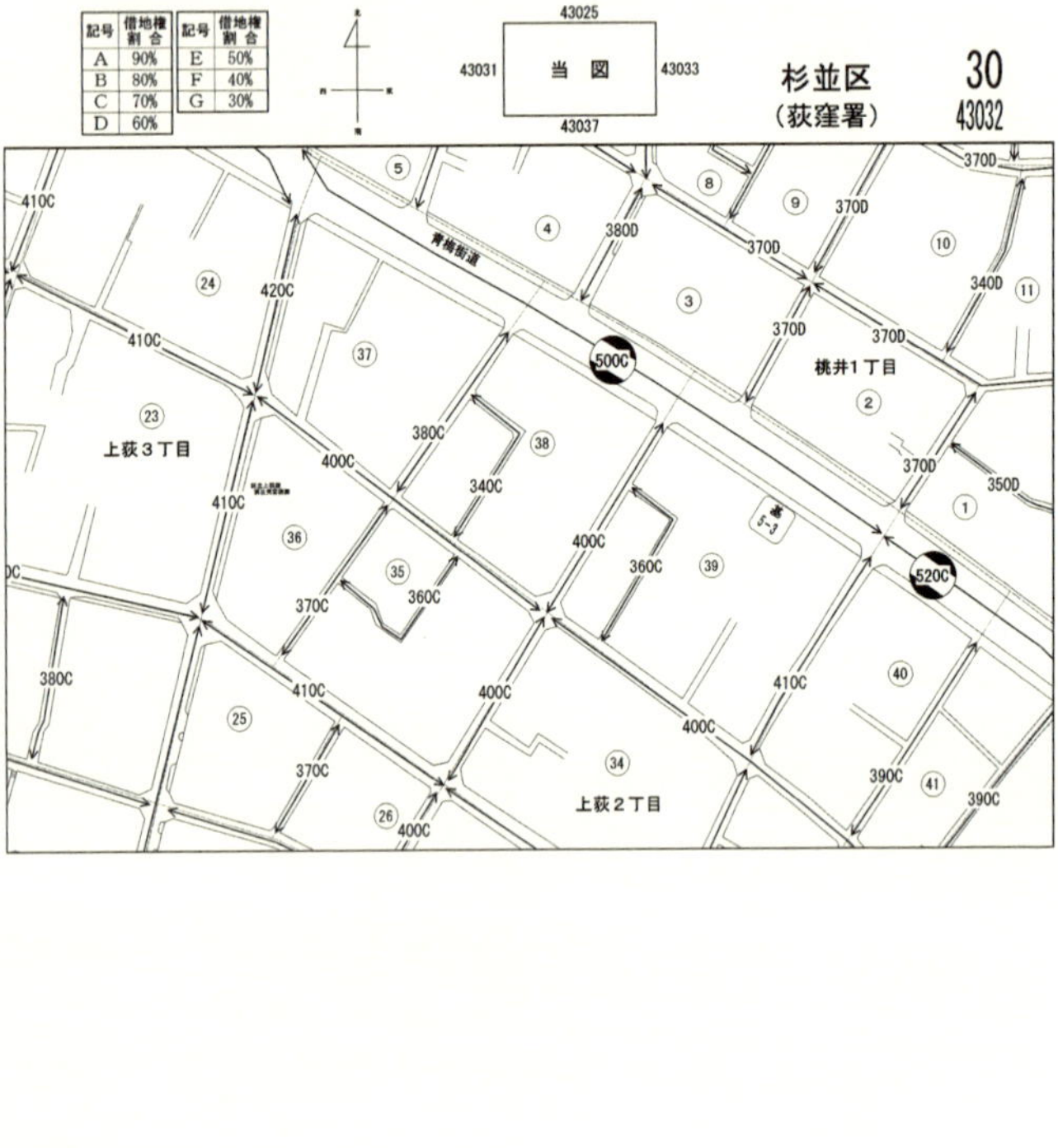

ただし問題は第2節で述べる補正率です。これらの大雑把ぶりが、路線価評価全般を拙劣なものとしているのです。

3　評価規定の精度

(1) 低評価水準を前提

前述のとおり、相続財産の評価は時価で評価すべく定められています。しかし昭和39年の現行制度発足当初から、そのようにはなっていませんでした。評価の基礎となる路線価の水準は、本来の時価の3分の1以下程度と極めて低い水準に設定されていたのです。その理由は、評価規定の正確性に、当局が自信を持てなかったことによるものと思われます。

つまり低評価水準にしておけば、少々評価がぶれても、評価額が時価を超過することはありません。時価を超過する評価は違法なのです。ただしそれにより評価額が減る分については、税率を高くすることにより、税収はしっかり確保しています。かつての最高税率70%という高さ（現在は55%）は、こうした事情抜きには考えられません。

またこうした安全弁の存在で安心したのか、当局はその後もずっと、評価規定の正確性のための努力や目配りを怠りました。それが今日の評価規定の不出来ぶりにつながっているわけです。

(2) それ以降の推移

その後路線価の水準は、昭和62～63年頃から徐々に引き上げられていきました。そして遂に平成4年に、公示価格の8割という時価並みの水準となりました。その後今日に至るも「公示8割」は維持されています。これにより、「大雑把評価」は許されない状況になったわけです。

しかしそれでも、評価規定（補正率等）はほとんど改正されませんでした。さらには税率の引下げも一部しか行われません。したがって、時価を上回る「逆転評価」の大量発生と大増税の嵐が吹き荒れたものです（平成3～5年がその中心）。

平成5年の半ば頃に、国税当局は公示8割化による相続税の過酷さに気付いたようです。そこで当局は急いで、平成6年に税率の引下げとともに、相応の評価規定の改善を行いました。

そしてその後の長期にわたる地価下落の継続は、相続税の負担を大きく下げていきました。その結果、国の相続税収は大きく減少するとともに、相続発生により相続税が課される人の割合も、4％程度とかなり減りました。そこで平成23年度の税制改正により、基礎控除額を大きく削減する等の増税が行われました。これによりこの割合は約6～8％と、従前の水準に戻ったわけです。

なおこの間、評価規定の拙劣さが強い批判を浴びたこともあって、その改善が徐々に行われています。しかし次節で説明するとおり、評価規定の改善はまだまだ不十分というより他ありません。ましてや「公示8割」は継続されたままです。まさに「日暮れて道遠し」といったところです。

第2節　各補正率

この節では、評価規定における各種の補正率を具体的に説明していきます。そしてこれらは、前章で述べた各個別要因ごとの時価評価にほぼ対応しています。

1　規模格差補正率

先に、土地価格形成の最大の特徴というべき「面大減価」（面積が広くなれば土地の単価は下がるという特質）について説明しました。そして相続税評価においても、面大地（面積の広い土地）に対してこの特質に応じたそれなりの減額規定が設定されています。そしてこの規定は、平成30年に、それまでの「**広大地評価**」から「**地積規模の大きな宅地の評価**」と名を変え、名実ともに一新されました。ただし、この規定は多少難しいと思われますので、面大地に興味のない方は、読み飛ばしてください。

(1) 適用要件

この規定の適用要件は、改正前の広大地の規定がやや抽象的で結論が分かりづらかったこともあり、明快に単純化されています。主な適用要件は次のとおりです。

イ．面積は3大都市圏の土地で500㎡、地方圏では1000㎡以上の土地
ロ．容積率の指定が東京23区内では300％未満、それ以外の地域では400％未満の土地
ハ．商業性の高い土地や大工場地域の土地、さらに市街化調整区域等の宅地開発に無縁の土地は対象外

まず**イ**は、適用対象となる面積の広さを定めたものです。この面積は改正前のものと変わっていません。

次の**ロ**と**ハ**の理由はこうです。そもそも「地積規模の大きな宅地」に面大減価が発生する理由は、主に「広い宅地は、道路を造成する等により一般消費者が購入可能な面積に細分化する必要があるため」でした。

そうであれば、面大地を細分化する必要のないマンション適地や商業ビル用地、さらに大工場用地などは減額する必要は全くありません（むしろ増額してもいいくらい）。そこで**ロ**や**ハ**の要件により、こうした細分化不要の土地の適用を排除したわけです。

(2) 規模格差補正率の計算

この規定の減額幅を結論的に示すと、**20～25%**といったところです（奥行価格補正といった他の減額規定の併用もＯＫ）。時価の実態を考えればこの減額幅は力不足と言えましょうが、全般的に不出来な相続税評価の中にあっては、「よくがんばっている」といっていいのかもしれません。

規模格差補正率を、面積と減額率の関係としてグラフに表すと、図表５―２のようになります。５００㎡で０・８、１０００㎡で０・７８、５０００㎡で０・７１６、１万㎡で０・６７８、10万㎡で０・６４３８となり、広くなればなるほど０・６４に収束していきます（補正率は小数点第2位未満切捨て）。

実際の計算は土地の面積に応じて、算式に図表５―３の数値を当てはめて求めることになっています。ただし、この表の数値は、減額率20～25%等の結論を導き出すための手段にすぎず、それ以外に意味はありません。

なおこれらは三大都市圏のものですが、地方圏の土地もほぼ同じような計算を行います（表の数値が若干異なる）。そして補正率もほとんど同等の水準となっています（減額率がほんのわずか少ない）。

図表5－2　規模格差補正率グラフ

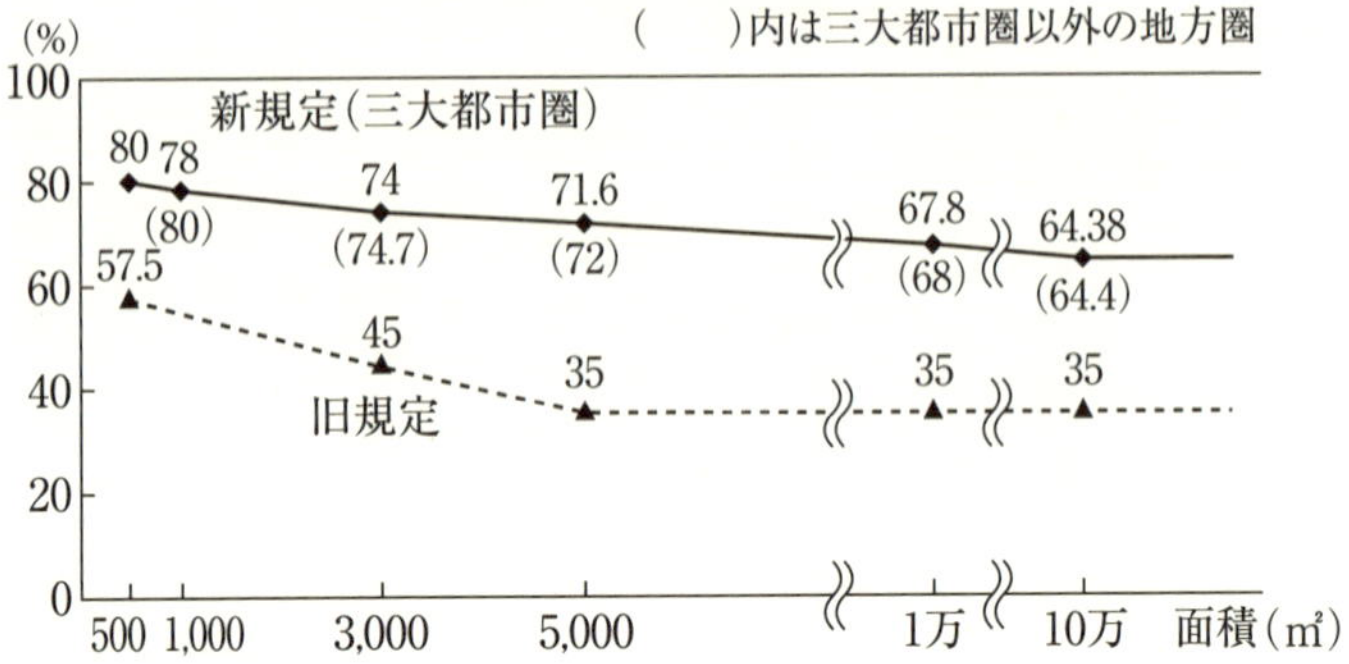

図表5－3　三大都市圏に所在する宅地

地積	普通商業・併用住宅地区、普通住宅地区	
	Ⓑ	Ⓒ
500 ㎡以上 1,000 ㎡未満	0.95	25
1,000 ㎡以上 3,000 ㎡未満	0.90	75
3,000 ㎡以上 5,000 ㎡未満	0.85	225
5,000 ㎡以上	0.80	475

●規模格差補正率の計算

$$規模格差補正率 = \frac{Ⓐ \times Ⓑ + Ⓒ}{地積規模の大きな宅地の地積（Ⓐ）} \times 0.8$$

たとえば、三大都市圏にある1,200 ㎡の土地の場合、

$$\frac{1,200 \times 0.90 + 75}{1,200} \times 0.8 = 0.77$$（小数第２位未満切捨て）

減額率は23%となります。

(3) 旧規定との比較に見る現行規定の特徴

平成29年までに適用され、適用対象地を「**広大地**」と名付けていた旧規定は強烈な内容でした。何せその補正率は図表5－2の点線で示したとおり0・6～0・35（つまり減額率は0・4～0・65）で、規定の適用があればほぼ半値になるという迫力満点のものだったのです（ただしこれには他の減額規定の併用なし）。

また旧規定は、国税庁が「多数の鑑定評価事例の統計的な分析で導いた」と説明していたとおり、かなり実態を反映していたといっていいでしょう。しかし間もなく「評価額を下げ過ぎてしまった」という後悔が生じてきたようです。国税庁は、あれこれ理屈を付けてこの規定を適用させないようにしていったのです。

まずは当初から適用除外と定めていたマンション適地を拡大解釈して必要以上の土地を適用から排除していきました。さらには「間口が広い土地は、その細分化に際して私道の造成は不要」といった屁理屈ともいうべきもので、適用除外を増やしました。これらにより、ほとんどの税理士を「無難な評価」に追い込んでいったのです。

しかしそうなると、マンション適地とは何か、私道造成不要の間口の広い土地とはどのようなものか、という深刻な疑問、さらには争いが発生します。そしてそれやこれやの経過を経て、当局がこの規定を全面的に改定したわけです。そうした意味から、新規定の特徴は次の2点です。

a．減額幅をほぼ2分の1に圧縮したこと（図表5―2を参照。ただし他の減額率の併用の面を加味すれば減額幅の減少は3～4割程度）
b．解釈や判断の余地をなくすべく、規定を明確化・単純化したこと

この2点は、いわばaで減額幅を厳しくした分、bで甘くしてバランスをとったようにも思えます。さらに納税者側は従来の不明確な規定による当局の否認のリスクがなくなった分、堂々と新規定による減額申請ができるようになりました。

⑷ 節税策

しかし、どうも新規定はやり過ぎ・甘過ぎに思えてなりません。問題は、前述したロ「容積率の指定が東京23区内では300％未満、それ以外の地域では400％未満の土地」という規定です。これによると東京23区では容積率200％、それ以外では300％の指定の地域では、この規模格差補正により2割強の減額が受けられるわけです（なお容積率の指定は100％単位が原則。250％といった数値はありません）。

しかし、減額の対象となるこれらの地域の容積率200％（300％）には、減額する必要のないマンション適地もワンサとあります（むろん減額を要する土地が大半でしょうが）。不動産

はそんな単純なものではありません。

たとえば東京23区でいえば、最寄り駅に近くとも指定容積率が200％の地域は少なくありません。そこでの1000㎡クラスの土地であれば、まずマンション適地です。まして、大阪・横浜・名古屋といった大都市で容積率300％の面大地であれば、その多くが優良なマンション適地となりましょう。これらの多くは、むしろ「面大増価」（面積が広い方が単価は高まる）というべき状況にあると思われます。

往々にして税に関する法令のひずみは、節税策を誘導します。そして、この規定も例外ではありません。となると、ズバリこのマンション適地を購入するのは悪くないと思います（ただしお値段は数億円規模と相当大きくなりますが…）。

もっとも、更地では面白味に欠けます。狙いは駅近で敷地面積500㎡（1000㎡）以上の賃貸マンションです（中古で十分）。駅近であれば空室のリスクは少なく、また200％（300％）の容積率を生かした中・大型マンションなら収益性・収益規模も悪くないはずです。

このケースであれば、第3章第2節で詳しく説明した節税効果に規模格差補正率までが加わります。金額の張る節税策ではありますが、その点が可能であれば検討の価値は十分あると思います。

(5) 奥行価格補正率

ところで、規模格差補正という減額規定が適用されるのは500㎡以上(三大都市圏の場合)の土地でした。つまり、それ未満の土地の面大減価は無視されてしまうことになります。たとえば、図表4－1のB地(139頁)は、80坪(約264㎡)と面積の要件を満たさないため、適用されないわけです。

とはいえ、面大減価に対応する一般的な規定には、「奥行価格補正率」があります(図表5－

図表5－4　奥行価格補正率
(普通住宅地区)

地区区分 / 奥行距離(m)	普通住宅地区
4未満	0.90
4以上　6未満	0.92
6 〃 8 〃	0.95
8 〃 10 〃	0.97
10 〃 12 〃	1.00
12 〃 14 〃	
14 〃 16 〃	
16 〃 20 〃	
20 〃 24 〃	
24 〃 28 〃	0.97
28 〃 32 〃	0.95
32 〃 36 〃	0.93
36 〃 40 〃	0.92
40 〃 44 〃	0.91
44 〃 48 〃	0.90
48 〃 52 〃	0.89
52 〃 56 〃	0.88
56 〃 60 〃	0.87
60 〃 64 〃	0.86
64 〃 68 〃	0.85
68 〃 72 〃	0.84
72 〃 76 〃	0.83
76 〃 80 〃	
80 〃 84 〃	0.82
84 〃 88 〃	
88 〃 92 〃	0.81
92 〃 96 〃	
96 〃 100 〃	
100 〃	0.80

4）。これは面積の広狭ではなく、土地奥行の長さにより減価幅を決めています。しかしこれはあまり（ほとんど）実態を反映していません。

たとえば、先のB地（この奥行距離はほぼ20ｍ）を考えてみます。するとこの減額率は1（つまり減額なし）です。これではお話になりません。この減額率は、地価水準がずっと低く、標準的な宅地面積が200～300㎡と広かった昭和40年代の感覚なのです。それ故に、減額する必要のない奥行10ｍ未満の土地が減額されています。

ただし奥行が長くなっていけば、それなりの減額率となっていきます。何より前述のとおり、この奥行価格補正率は規模格差補正率と併用できますので、このような土地に関しては意味のある規定といえましょう。

2　不整形地補正率

⑴　従前の補正率

不整形地補正率とは、標準的な土地に比べて土地の形が変形していることに関する減額割合をいいます。これは制度発足当初から、長年「30％の範囲内で適宜減額幅を判断する」といった規定でした。つまり減額幅は見た感じに委ねるものの、その最大の減額幅は30％止まりです。

しかしすでにお分かりのとおり、地形がある程度悪ければ「3割、4割引は当たり前」です。

こうした実態から見れば現実離れの規定というより他ありません。

実は162頁の図表4－7に示した不整形地は、規定内容が当時全く同じ固定資産税評価の解説書に載っていたものです。そしてそこで見たとおり、減額幅は35～40％になりそうなこの土地を、「5％減で評価せよ」と言うのです。

彼らはなぜこれを「5％減」に止めたのでしょうか。推測するに「上限が30％なのだから、この程度のものは5％にしておかないと、バランスが取れなくなる」と考えたものと思われます。

(2) 蔭地割合方式

その後当局は、平成10年からそれまでの評価方式を廃止し、蔭《かげ》地割合方式に一本化しました。理由は「従来の方式は達観での判断（要するにエイヤッ）に頼らざるをえず、それでは人により差が生じ好ましくない」というものです。

この蔭地割合方式を、図表5－5で説明します（なおこの土地は、前章の図表4－2で示したものと同じものです）。まず正面路線をベースに対象地全体を囲む長方形を想定し（これを想定整形地という）、想定整形地のうち対象地に含まれない部分を蔭地（図の斜線部分）とします。そして想定整形地に対する蔭地部分の割合（蔭地割合）を算出します（なお間口が狭い場合は、193頁の間口狭小補正率を乗じる等により、減額率はより大きくなります）。

図表5－5　不整形地補正率の計算

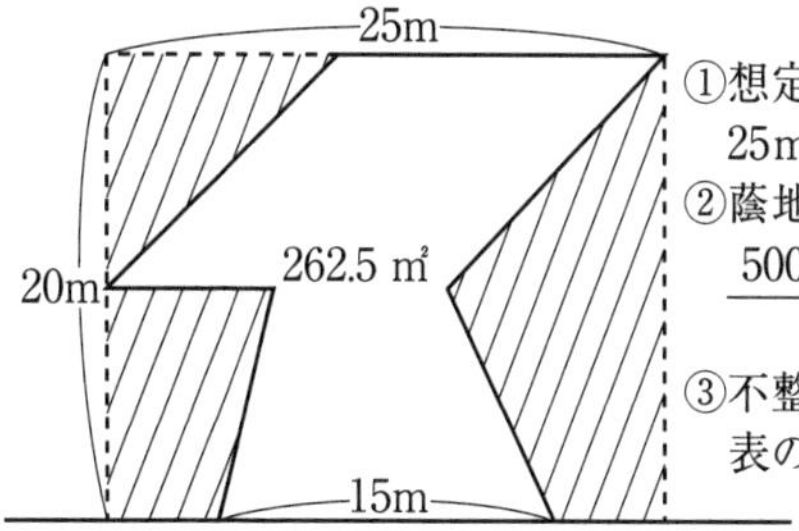

①想定整形地の計算
25m × 20m ＝ 500㎡
②蔭地割合の計算
$$\frac{500㎡ - 262.5㎡}{500㎡} = 0.475$$
③不整形地補正率
表のA（「45％以上」）より0.82

一見もっともらしい計算をしますが、正確性は当てになりません（図の斜線部分が蔭地）。

最後に、対象地の面積に応じてA、B、Cの三つに区分した上で、蔭地割合の大きさに応じて定められた図表5－6の不整形地補正率表から、対象地に適用すべき補正率を求めます。この事例の補正率は0・82。60％がやっとと思われる土地が82％の評価になってしまいます。

なお面積の三区分は、面積の広い土地ほど地形の劣ることのダメージは少ない、と考えられる点を考慮したものです。また不整形地補正率は、土地の地区区分ごとに定められています（図表5－6は普通住宅地区を対象とするものです）。

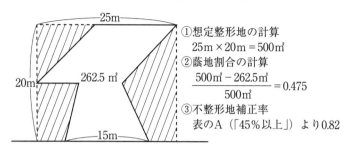

(3) 疑問の蔭地割合方式

さて、この補正率表から分かるとおり、減額の最大は40％止まり。しかもこれが適用されるのは面積区分のAのみで、それも滅多にないような土地に限られています。さらに普通住宅地区以外には40％減はありません（30％が上限）。

一見してお分かりのように、この蔭地割合方式はどうにもいただけません。新規定でさえ最大の減額幅を4割への抑制。もう少し実態を見ていただきたく思います。

図表５－６　不整形地補正率表

地積区分／蔭地割合	A	B	C
10％以上	0.98	0.99	0.99
15％以上	0.96	0.98	0.99
20％以上	0.94	0.97	0.98
25％以上	0.92	0.95	0.97
30％以上	0.90	0.93	0.96
35％以上	0.88	0.91	0.94
40％以上	0.85	0.88	0.92
45％以上	0.82	0.85	0.90
50％以上	0.79	0.82	0.87
55％以上	0.75	0.78	0.83
60％以上	0.70	0.73	0.78
65％以上	0.60	0.65	0.70

【地積区分】

A：500㎡未満　B：750㎡未満　C：750㎡以上

図表５－５の土地の面積は262.5㎡ですから地積区分はA。蔭地割合47.5％ですから「45％以上」の0.82が不整形地補正率となります。

この際、この方式の致命的な非論理性を指摘しておきましょう。図表５－７の甲図をご覧ください。この地形であれば１％程度も減額しておけばいいと思います。評価規定上も、蔭地割合５％のこの土地の減額は０で

図表５－７　不整形地補正率の非論理性

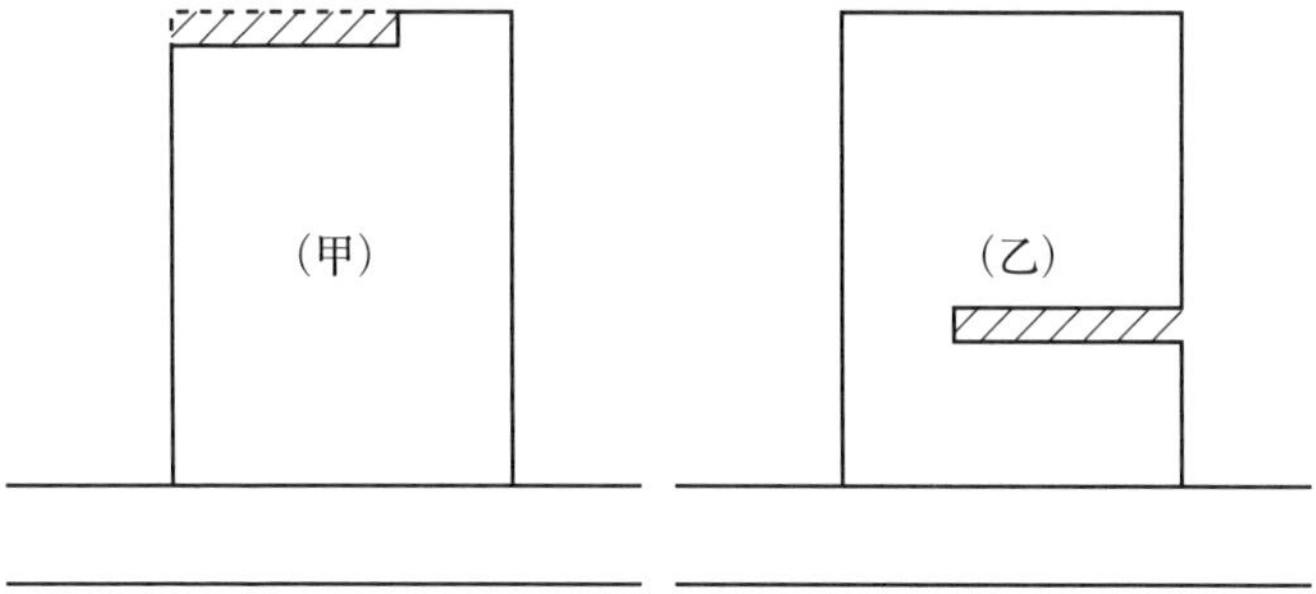

この両地の時価は全く違いますが、評価額は同じになってしまいます（双方とも蔭地割合は５％）。

す。

ところが乙地には致命的な凹みがあります。これでは半値水準となりましょう。しかし乙地の蔭地割合は甲地と同じです。したがって両者には同じ評価額が付されます。この致命的矛盾は蔭地の発生する場所を全く無視し、その割合だけで評価しようとする点にあると言えます。

3　間口狭小補正率

(1)　底抜けの大雑把

間口が狭い土地は使い勝手が悪く市場価格も劣ります。この点を反映させるべく、図表５－８の間口狭小補正率が定められています。

しかし一見して思うのは、どんなに間口が狭くとも補正率は90％（普通住宅地区の場合）という１割減。これはあまりに現実離れしています。

図表5－8　間口狭小補正率表

地区区分 ／ 間口距離	普通商業・併用住宅地区	普通住宅地区	中小工場地区 大工場地区
4m未満	0.90	0.90	0.80
4m以上6m未満	0.97	0.94	0.85
6m以上8m未満	1.00	0.97	0.90
8m以上10m未満		1.00	0.95
10m以上16m未満			1.00
16m以上24m未満			
24m以上			

間口が狭い土地は使い勝手が悪いため、狭くなるほど評価が低くなります。しかし間口距離の区分は、かなり荒っぽくなっています。

とりわけ4m未満は同じ減額率、という手抜きぶりには驚かされます。次項で述べる接道義務の点を除外しても、間口が1m程度とやっと人が通れる幅と、大型自動車が余裕で通れる（駐車場も楽勝）4m近い間口の土地が同じといいます。常識的に考えて、これらは優に3割以上の格差はありましょう。

そもそも間口の広・狭は、土地単価に極めて大きな影響を与えます。したがって、間口が4mしかない土地と6m近く確保されているものとの土地単価は、大きく違ってきます。間口の区分が2m間隔など論外です。せめて50cm程度で区切らなければ、評価の名に値しません。

(2) 接道義務

さて前章では、建築基準法が定める接道義務の規定の重要性を強調しました。すなわち「建築基準法が定める道路に2m以上接面していなければ、その土地上に建物を建ててはならない」とする規定です。そしてこの規定を充足することのできないいわば「欠陥敷地」は、世の中に多数存在すること、そして当然ながら「欠陥敷地」の市場価格は3割程度と、時価の半値を大きく下回るということ等を説明しました。

しかし図表5－8で明らかなように、間口狭小補正率は今日においても「間口4m未満は一律1割減」のまま。間口が2mあるかどうかは天と地の差があるにもかかわらずです。国税当局は、接道義務の規定をご存じないとしか思えません。

(3) 不足土地控除方式

その後、私の起こしたある裁判をきっかけとして、平成11年にこの点をカバーするための妙な改正がなされました。図表5－9で、間口が1・8mの路地状敷地であるA地（むろんA地は「欠陥敷地」です）を題材に説明します。

この土地が接道義務規定を満たすには間口が20㎝面積で2㎡部分の土地が不足しています。以下この部分の土地を「不足土地」ということにします。そこでまずはこの土地に不足土地がある

図表5－9　不足土地控除方式の例

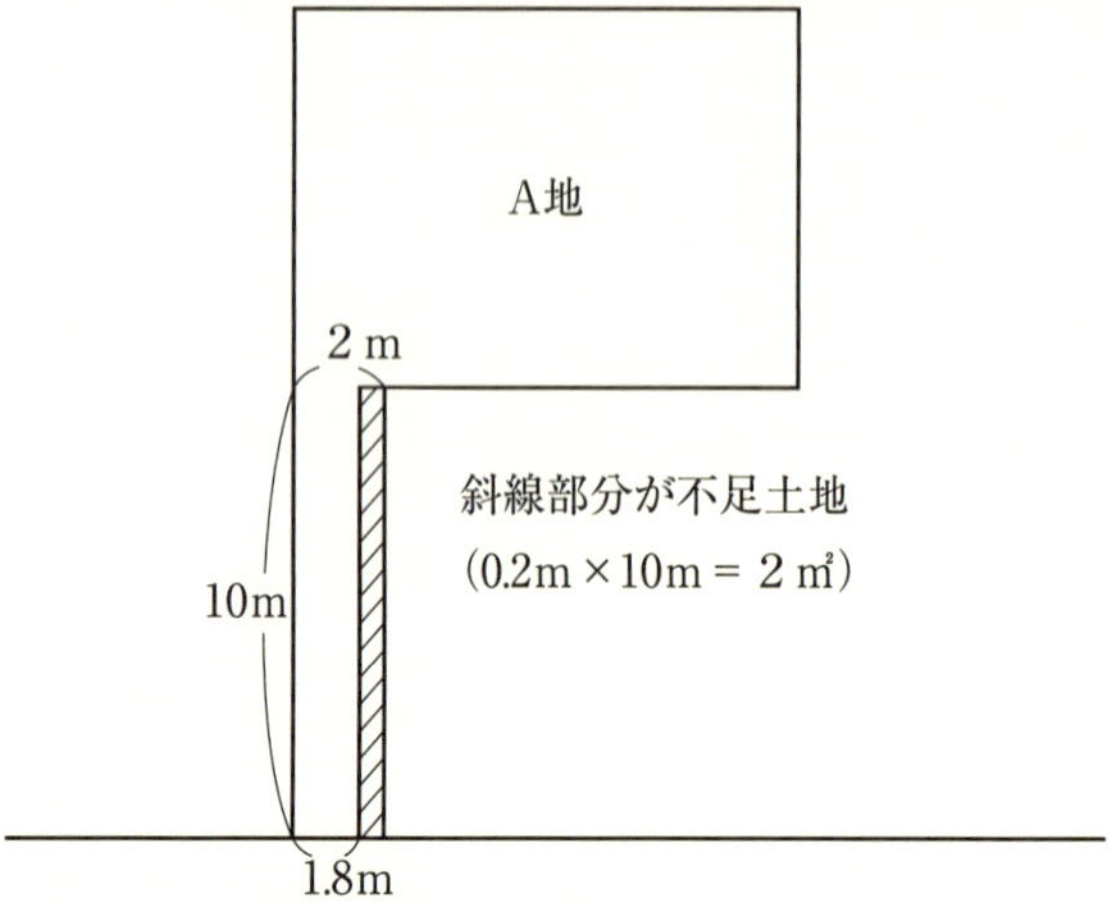

この土地は「欠陥敷地」です。それを「間口が2ｍあるというまともな土地として評価し、その評価額から斜線部分の不足土地の評価額を差し引く」というわけです。この評価法は、どうにもいただけません。

ものと仮定して（つまり接道義務を満たしていると仮定して）、この土地を評価します。

とはいえ現実には不足土地はありません。そこで次に先の評価額からこの不足する土地である2㎡分の評価額を控除します。そしてこれを「欠陥敷地」としてのA地の評価額とするのです。

この評価方法は、「不足土地を隣接地主から購入しなさい。それに要する2㎡分の購入費は差し引いてあげますよ」というものです。しかしこれはおいそれと購入できません。できないからこそ何十年も「欠陥敷地」のままであり、市場価格も半値を大きく割り込んでいるわけです。

そして、その差がわずか2㎡分の評価額。このような「購入できたら」とか「購入すれば」といった「タラ・レバ評価」は、許されるものではありません。

しかし当局は、この評価方法を無道路地にも広げました。つまり155頁で見た図表4－5の無道路地の場合、その図に斜線で示した接道義務を充足する2mの路地があると仮定し、まずこの路地状敷地を評価します（奥行価格補正や不整形地補正も実施します）。そしてその評価額から不足土地である路地部分を差し引くこととしているのです。いやはや何とも……。

4　他の道路関係

⑴　2項道路とセットバック

前章で、幅員が4m未満である道路（2項道路）に接面する敷地への建築には、道路中心線から2mまでを敷地後退させなければならないとお話ししました。このセットバックは、今日ほとんどの土地で実施されています。

相続税評価では「敷地後退を要する部分の土地は7割引き」とされています（平成13年までは3割引きのみ）。

写真H　セットバック済みの土地

奥のセットバックの部分は、完全に敷地後退をしていますから問題ありません。しかし手前の土地は、セットバック自体は行っていますが、植栽のようなものもありますし……。頭の痛いところです。

本来であれば、セットバックを要する部分の時価はほぼゼロというべきでしょう。とはいえ路線価評価とすれば「7割引き」はまずまずといってもいいと思います。

なおセットバック済み部分に関しては、路線価評価もゼロ評価を認めています。ただし実務的には、「セットバック済みのゼロ評価」と言えるかどうかの判断に、頭を悩ますケースが少なくありません（写真H参照）。

(2) 私道

前章で、位置指定道路といった私道の時価はゼロであると述べました。

ところが相続税評価にあっては、この

私道を通常の土地の7割引きで評価します（平成10年までは4割引き）。むろん奥の宅地を一人前に評価した上での話です。当局はその理由を「私道沿接地を1人が買い集めれば、私道が一般宅地に復帰する可能性があるから」と言います。

ちょっとお待ちください。そもそも広い土地をわざわざ私道まで造成して宅地を細分化したのは、その方が高値で売れるからです。それをわざわざ買い集めて私道をつぶす人がいるとは思えません。

昔に比べれば改善されているとはいえ、背景の認識をも含め、当局にはもう少しがんばっていただきたく思います。

5　その他

(1)　容積率

当局は以前、前章で述べたような容積率が、土地価格に与える影響を知らなかったようです。しかしその点への批判等をきっかけに、認識を新たにしました。

そして評価通達において、容積率に関する規定を次々に定めていきました。したがって今日の評価規定においては、規定のあちこちに「容積率」が出てきます。

その最大のものは、「規模格差補正率」の適用要件である容積率300％（400％）未満という規定です。また「容積率の異なる2以上の地域にわたる宅地」の評価、さらには都市計画道路予定地の減額割合も、その土地の容積率に応じて定められています。これらの規定内容は、ほぼ妥当といってよいものと思います。

したがって容積率の状況を的確に把握しない限り、しっかりした相続税評価ができないということを強調しておきます。

(2) 借地権・底地

前章で借地権と底地（評価通達では貸宅地《かしたくち》といいます）について説明しました。そこでの結論は、「借地権の値段＋底地の値段＜更地価格」でした。つまり借地権単独の時価に、その底地単独の時価を加算しても、その土地の更地の時価には到底届かない、というわけです。

しかし相続税評価では、「借地権の値段＋底地の値段＝更地価格」の算式が成立することを前提に評価しています。ご承知のとおりすべての路線価には借地権割合が記載されています。たとえば借地権割合が6割であれば底地割合は4割となります。「6割＋4割＝10割（更地価格）」というわけです。

ではその更地価格が1億円であるとした場合に、その底地を売りに出してそれが4割の4000万円で売れるでしょうか。むろん底地などまともな値で買う人はいません。強いて売ろうとすれば、底地買いの事業者が1500万円見当の値で買いに来るだけです。

確かに借地権者が買う場合であれば、4000万円の値が付く可能性は高いでしょう。借地権者が購入するのであれば、借地関係が解消されるからです。

しかし相続税評価は、相続開始の時点の現況で評価しなければなりません。その時点では借地関係の解消は合意されていません。この評価は当局の得意とする「相続開始時に両者間の売買が合意されていたならば」という「タラ・レバ評価」です。

なおここでは、地主層の多くが保有する底地を例に説明しましたが、借地権の評価に関しても全く同じ理屈が成立します。いずれにしても「両者間の合意」を前提としたようなこの評価には、大きな疑問符を付けざるを得ません。

(3) 崖地

崖地の時価も、そのほとんどがゼロ（むしろマイナス）であることは前章で述べたとおりです。

さて相続税評価においては、図表5－10のような崖地補正率が適用されます（平成11年の改正後の規定）。ただしここでいう崖地とは、30度以下の傾斜地を指します。とはいえそれでも30度といえば「崖」状態です。ですからほとんど使い道はありません。

図表5－10　崖地補正率表

崖地の方位 / 崖地地積／総地積	南	東	西	北
0.10以上	0.96	0.95	0.94	0.93
0.20 〃	0.92	0.91	090	0.88
0.30 〃	0.88	0.87	0.86	0.83
0.40 〃	0.85	0.84	0.82	0.78
0.50 〃	0.82	0.81	0.78	0.73
0.60 〃	0.79	0.77	0.74	0.68
0.70 〃	0.76	0.74	0.70	0.63
0.80 〃	0.73	0.70	0.66	0.58
0.90 〃	0.70	0.65	0.60	0.53

9割以上が崖であっても、減額幅は30％～47％。
非現実的としか思えません。

にもかかわらず、9割以上というほとんどが崖地（傾斜地）というどうにもならない土地の評価額が、日照が全く期待できない北向きのものでもわずか47％減。日当たりのよい南向きとなれば3割減にしかなりません。

当局はこの点の理由を「崖地は通常利用できないとしても、採光・通風等宅地の環境上貢献しているから」と言います。しかし採光や通風のメリット程度の話で、5割や7割もの水準で評価されたのではたまりません。

(4)　減額規定はできる限り適用すべき

前章ではこれら以外に土地に関して多くの個別的な要因を掲げました。そのうち、いくつかの要因に関しては、これに対応する規定が設けられています。たとえば都市計画道路予定地や高圧送電線下の土地です。ただし送電線の減額対象は、送電線の直下地のみとされ極めて不十分です（鉄塔のすぐ横等の土地は対象外）。

もっとも相続税評価には、それ以外の減額要因全般に対応させるべく、おもしろい減額規定があります。「(特殊要因に起因して) 付近の土地に比べて**利用価値が著しく低下している場合には1割減にする**」という規定です。特殊要因として例示されているものには、(高速道路の隣接といった) 騒音、道路との著しい高低差、(隣接地が墓地である等の) 忌み、臭気、地盤の甚だしい凹凸や振動があります。

ただしこれらはあくまで、それに起因して「付近の土地に比べて利用価値が著しく低下している場合」に限られます。また1項目1割減ですから2項目あれば2割減となります (ただし2項目が上限)。

まあ大雑把といえばあまりに大雑把な規定ですが、「なるべく適正な評価にしよう」という心意気が伝わってくるような気がしないわけでもありません。しかし現実的には、当局はこの規定をあまり使いたがりません。

いずれにしても限られた評価規定の範囲ではあるものの、減額規定はできる限り適用すべきです。こうした努力や工夫をするとしないとでは、相続税評価額ひいては相続税額にかなりの格差が生じてきます。理不尽な相続税の負担からは、身を守らなければならないと考える次第です。

第3節　評価の引下げ策

今までの路線価評価の規定を踏まえて、この第3節では、評価の引下げの具体策をお示しします（面大地に関しては前節をご参照）。

ただしこの部分の一部には、専門家向けのやや高度な内容も含まれています（少なくとも、ここまで突っ込んで書いてある類書はまずありません）。したがって、ご自身の興味がある土地以外の部分は、読み飛ばしていただいてよろしいかと思います。

1　評価単位

(1)　評価単位をどう考えるか

宅地は「**評価単位**」、つまり利用の単位になっている1画地の宅地ごとに評価します。この評価単位とされた土地に、前節の各種補正率を適用するのです。利用の単位ですから、登記の「筆」の状況とは関係ありません。

土地の評価単位に関するルールはかなり複雑です。何よりも現実の土地について、これをどう認識するかは、かなり難しいと言えます。その一方で、土地の評価額はこの評価単位をどうとら

図表5－11　評価単価の区分による節税策

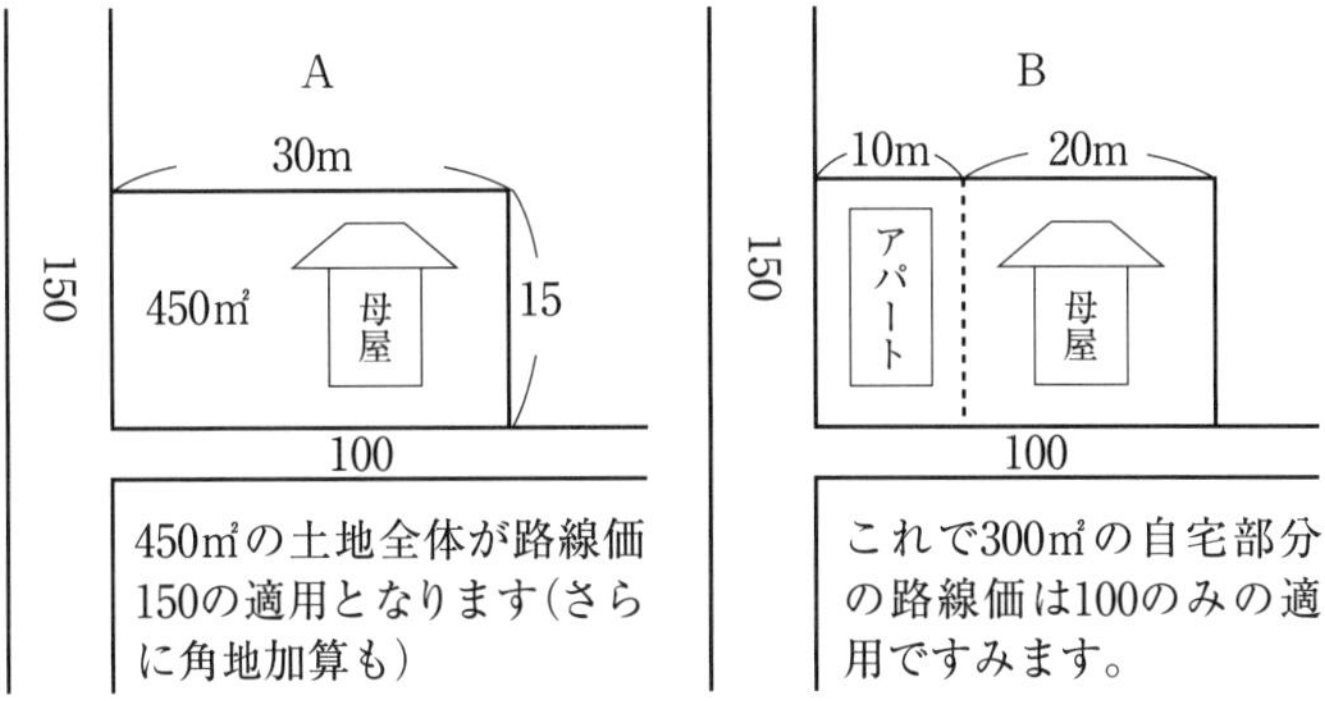

えるかで大きく変わってきます。「土地の評価引下げ策は、評価単位をどう考えるかが勝負」といっても過言ではありません。

評価単位の最初の区分は、（宅地、田・畑、山林、雑種地といった）地目別に分ける区分です。次に同じ宅地でも、貸家建付地や底地（貸宅地）のように他の利用権が付着している場合には、評価単位を区分します。ただし、無償で貸している場合（つまり使用貸借）は区分しません（詳細は後述）。

たとえば図表5－11Aです。このままの土地にしておけば、全体が高い路線価を前提に角地として評価されてしまいます。ところが図表5－11Bのように生前にアパートを建てることにより評価単位が二つに分かれるようにすれば、奥の土地は低い路線価のみに基づき評価することができます（アパートの敷地は貸家建付地）。

広い敷地のうち、道路側部分を貸駐車場とする手もあ

図表5－12　アパート建築の失敗例

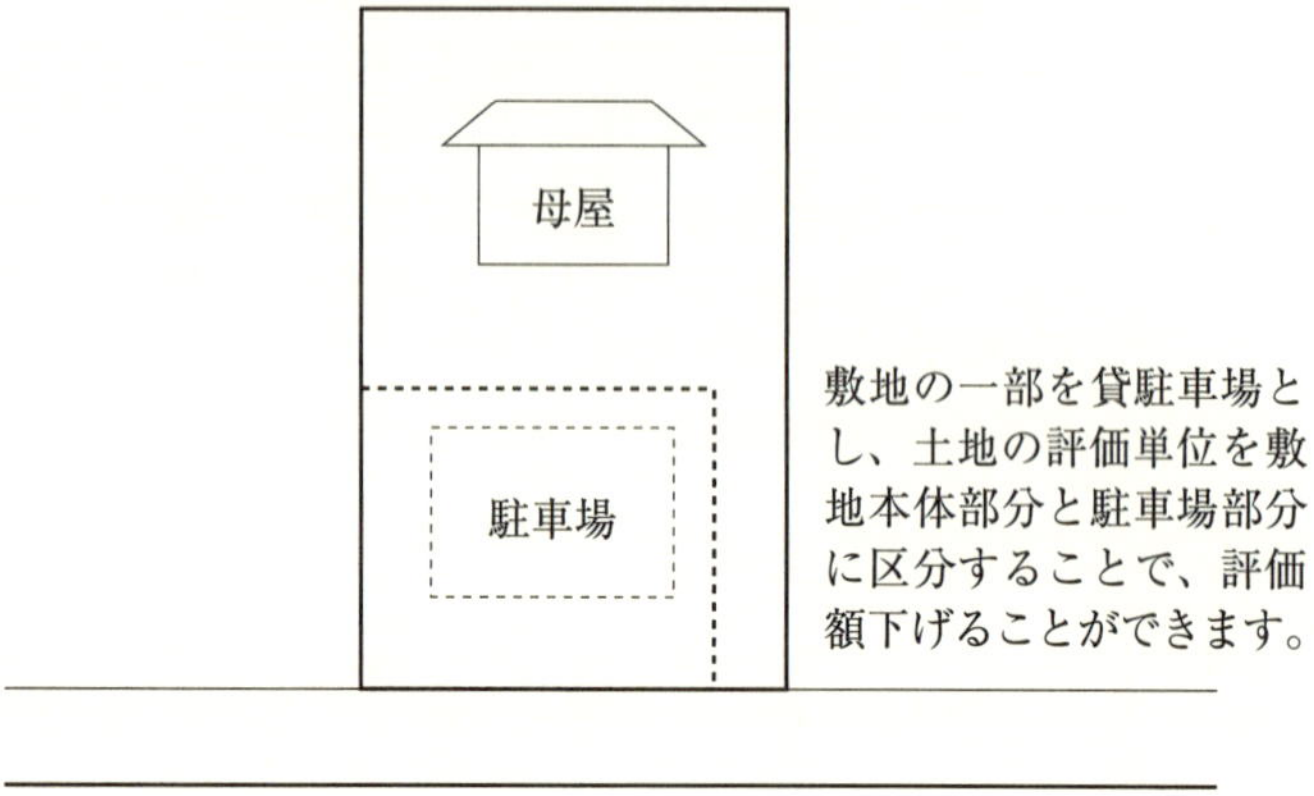

敷地の一部を貸駐車場とし、土地の評価単位を敷地本体部分と駐車場部分に区分することで、評価額下げることができます。

ります（図表5－12）。理屈の上では駐車場の地目は雑種地となりますから、この土地の評価単位は、敷地本体部分と駐車場部分に区分されることになります。すると敷地本体の地形が一気にくずれるため、評価額はほぼ2割減となりましょう。

しかしこの駐車場と敷地本体の区分があいまいであったり、賃貸収入を申告していなかった場合には、自家用の駐車場とみなされ、評価単位は全体をひとつと考えざるをえなくなります。

したがって、この評価単位をどう考えるかは、実務上かなり難しい問題です。とはいえ評価単位の工夫次第で評価額はかなり変わります。そこで、これをもう少し突っ込んでお話しましょう。

(2)　貸家・底地

自分の土地に自分用の家が何軒あろうと、その評価単位は自用地としてひとつになります。家の用途（自宅、自身が営業する店舗等）にも無関係です。

ところが賃貸家屋（アパート、貸店舗等）であれば、そこに借家権といった他人の権利の制約が生じます。したがってこれを貸家建付地として、自用地とは別の評価単位とします。借地権の制約が生じている底地（貸宅地）も、独立の評価単位です。

さてここでの重要なポイントは、貸家が複数あれば、それぞれが単独の評価単位となる点です（図表5―13）。これは底地も同様（借地権者ごとに評価）です。

となると、図表5―13のような土地であれば評価作業は大変なことになります。何より、どのような敷地分割をすればいいのか、そして蔭地方式の不整形地補正を含め、それをどのように評価していくのか、さらにはそれらの地形、面積等を特定するための測量をどうするか、問題は山積しています。

ともするとこうした作業が困難であるとして、この全体をひとつの評価単位とする「無難な評価」がなされかねません。しかしそれでは本来のものに比べて、評価額が3割程度は高くなってしまいます。第一それは、評価規定と異なる評価です。やはりここは、ルールどおりにきっちり低い評価にしなくてはなりません。

図表5－13　貸家が多数ある場合の評価

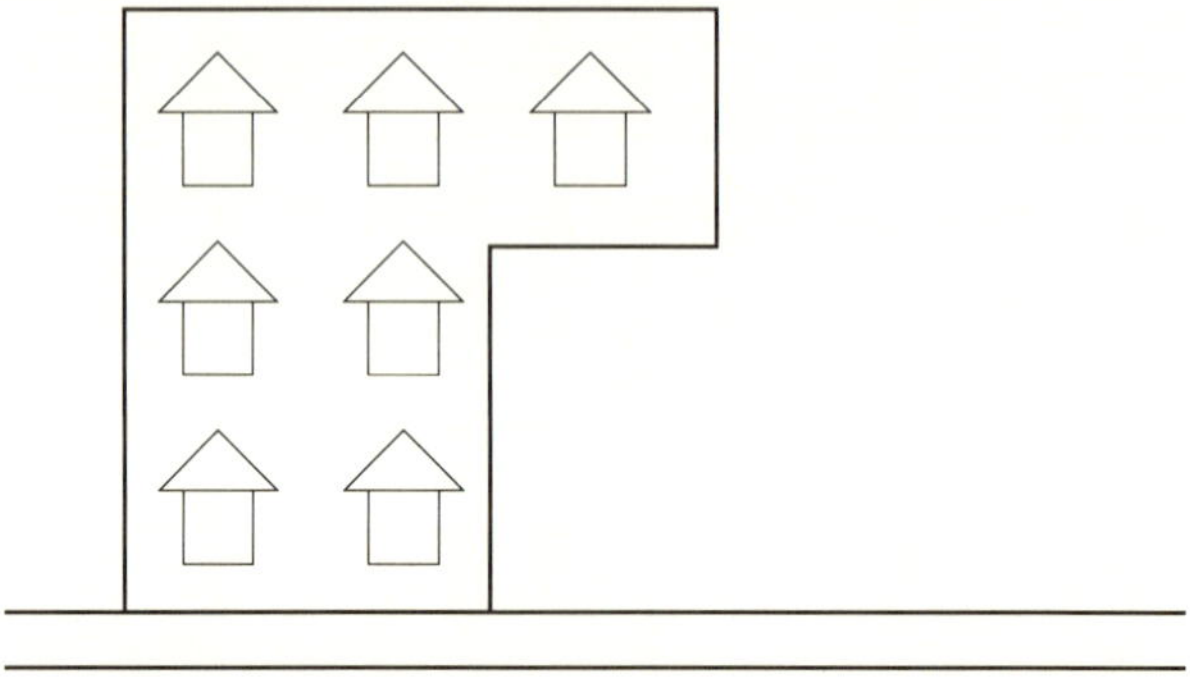

一筆の土地上に多数の小さな貸家がある場合には、通路を含め敷地分割（通路はダブることも）した上で評価することになります。

(3) 使用貸借の場合

資産家が有する不動産の中には、これを親族に無償で貸している（**使用貸借**）ケースはかなり多いものと思います。たとえば、自宅の敷地内の「離れ（別棟）」に長男夫婦を無償で住まわせているといったケースです。

使用貸借の場合には、土地の評価単位の区分はなされません。母屋の敷地と「離れ」の敷地が異なる評価単位であれば地形が悪化する可能性が高いのですが、両者を一体で評価しなければなりません。

また貸家に親族を使用貸借で入居させても、賃貸住宅に認められている減額規定は適用がありません（使用貸借には借家権が生じないため、これは当然なのですが）。

となれば相続税対策として、使用貸借をやめて長男等から家賃を受け取ることをお勧めします（家賃は相場の半値程度でＯＫ。ただしこの家賃収入はしっかり申告すること）。こうすれば評価単位は区分されますし、敷地にも貸家建付地の減額規定が適用されます。

ただし自宅敷地の一部に長男が自身の家を建てている、というケースでは注意が必要です。ともすると「長男から地代を取ればいい」となりそうなのですが、これをやると「借地権の発生でとんでもない贈与税」になりかねません。この話は複雑ですから省略させていただきますが、とにかく「（固定資産税程度のものを除き）地代はダメ」とご記憶ください（なお親の扶養といった形で渡すのであれば、問題ありません）。

このようなケースでは、親が長男の家を（税務署に否認されない範囲でなるべく高値で）買い取るという手法があります。そしてその後は、この家を長男に賃貸するわけです。そうすれば先のメリットが受けられる上に、買取り資金を長男に移転させることもできます（家屋の相続税評価は低い）。

⑷　無道路地

図表５－14のように、長男といった親族の土地を介して、道路に接続する土地を考えます。この場合あくまで評価対象は、奥の単独のＡ地です。何らＢ地の影響を受けるものではありませ

図表5－14　親族の土地を介しての無道路地

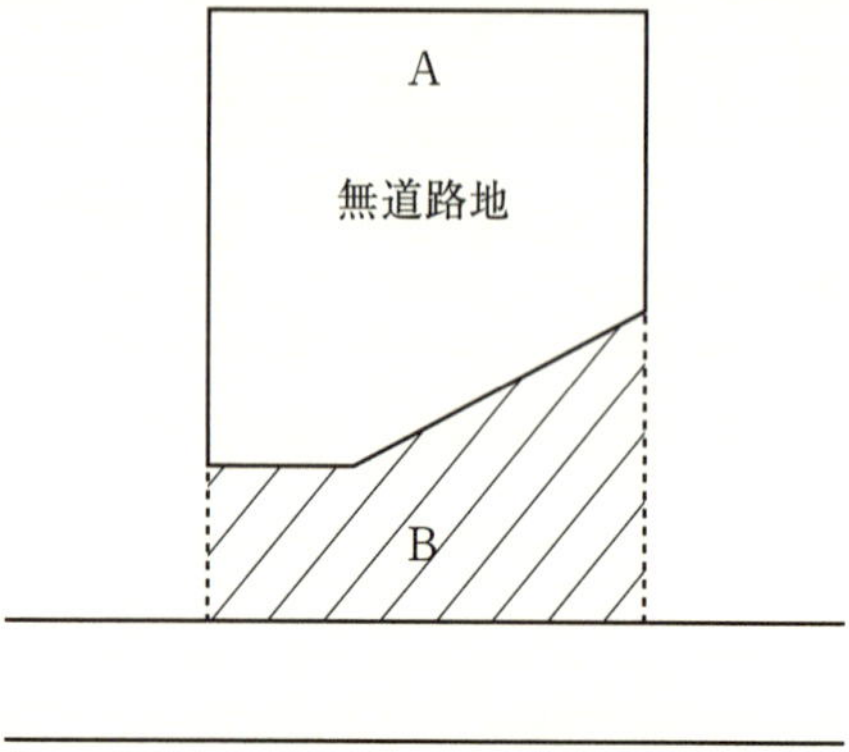

Ｂの土地が親族所有の土地であった場合には、実態的にはＡの土地は無道路地とはいえないでしょう。しかし評価は、あくまで無道路地として行うべきと考えます。

ん。したがってA地は無道路地です。この土地には、当然に無道路地の規定を適用しなければなりません。

しかし一般には、無道路地の適用はなじまないとして、A、Bを一体で評価する等が行われているようです。しかしこれはルールを逸脱した「震え評価」といわざるをえません。

確かに実態的には、これは無道路地とはいえないでしょう。しかし評価規定は、「無道路地にはこうした土地が少なくない」ことを理由に、本来の無道路地からすれば論外ともいうべき評価方法を定めているように思われます。つまりA地のような土地の存在をも考えた上での規定、と理解すべきです。

したがってこの土地には、当然に無道路地を適用するべきです。評価規定は、それを予定して定められているからです。

2　簡易測量

(1) 測量の必要性

先の図表5－11等で見てきたように、貸家や底地は建物1棟ごとが単独の評価単位となるとお話ししました。となると、評価単位ごとの面積や地形が特定されなければ、具体的な評価ができません。評価単位ごとの土地に分筆されているケースは少ないからです。となると、測量作業が必要となります。

まずはやれる範囲で自身でやってみることです。それには公図や住宅地図・建築時の建物配置図面、さらには水道管の配管図（役所で入手）等あらゆる物を動員します。さらにはメジャーなり歩測なりでこれを補います。

このような場合には、それなりに合理的な基準でこうした作業が行われていれば、これに税務署がクレームを付けるとは思われません。素人なりにベストを尽くせばＯＫと言えます。

しかし複雑になってくると、もう素人には手が負えなくなります。ただしここで正規の測量士に頼んだのではお金がかかっていけません。第一そんな正確な図面は必要ありません。税務署もそこまでは要求しません。

そこで、低廉な費用（10〜30万円で何ヶ所も）で概略の現況の図面を作成してくれる人に依頼することになります。ちなみに今日「キャド」というコンピュータソフトを使用すると、図面作成がかなり容易に行えるようです。できるだけ、日頃からこうした便利な人を見つけておく必要があるわけです。

なお登記簿面積と実測面積の二つがある場合は、実測面積で申告すべしと定められています。しかしそのためにわざわざ実測を要求されることはありません。通常はほとんど登記簿面積に基づいて申告しています。

(2) 具体例

簡易な図面が必要なケースは、他にもあります。

まずは不整形地補正です。蔭地割合方式を適用するには、当然ながらベースとなる評価対象地の地形が、しっかり特定されていなければなりません。そして当局は、この点に関して「(原則として) **公図**によって行え」といっているように思われます。

しかしそもそも公図には、しっかりしたものが作成されている地域と、まるで当てにならない地域のものがあります。つまり後者であれば、不整形地補正率がうまくやれません。ゼンリン等の住宅地図の利用により、押しの一手でやってしまうという手もあるにはありますが、このような場合には、簡易な測量が求められます。

地目が異なる（たとえば農地や山林等）土地が同一の筆に混在していれば、やはり評価単位ごとの面積や地形の特定が必要となります。

また土地の一部が都市計画道路に指定されている場合も、その部分の面積を知る必要があります。さらに言えば、セットバック部分の面積も出してくれると評価作業は助かります。

しかしともすると、「測量が困難であることから、これらの減額規定を無視してしまう」ということになりかねません。しかし、自身で行うか外部に委託するかは別として、必要な測量や図面作成を何とか行うことによって、評価額は目一杯下げていかなければなりません。

3　路線価

(1)　路線価がない場合

市街地のはずれの方にいくと、たまに道路に路線価が付されていないケースが出てきます。そのような道路に接面した土地の評価を行う場合には、「**その道路に接続する路線の路線価を基に評価する**」こととされています。

図表5－15　路線価が付されていない土地の評価

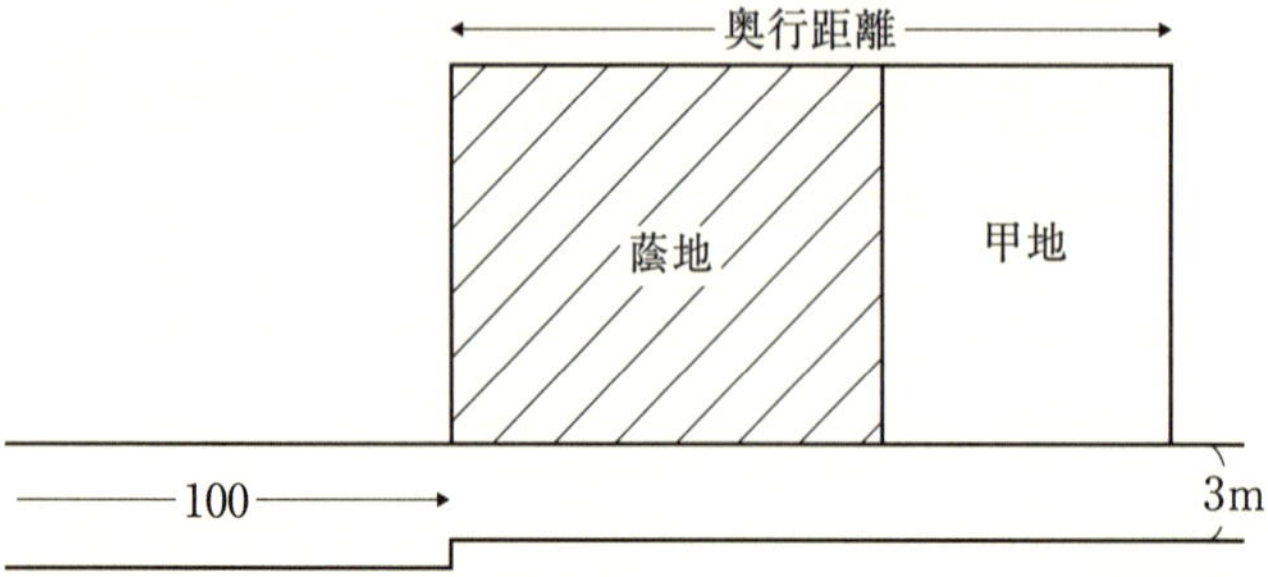

なぜか路線価は甲地の前の蔭地でストップしており、甲地の接面道路には路線価がありません。であれば至近の路線価100を基に、図のように接面道路の幅員（3m）や奥行、そして蔭地等により評価していくこととなります。これを路線価100があると仮定して評価することは、「震え評価」というべきでしょう。

であれば図表5－15のように、路線価の末尾部分を基準に、間口はその道路幅で奥行は末尾部分からの距離、その上で不整形地補正をしっかり行うことになります。おそらくこれで評価額は路線価の半値水準となりましょう。

しかしこのやり方は、何やら「邪道」のように思えるかもしれません。ともすると、「路線価がそのまま評価対象地まで付されているものとして評価する」というやり方をとる人も多いようです。しかしこのような評価方法は、評価規定のルールと異なるように思います。

なおこのケースでは、後述する「特定路線価」を申請して評価してもよいことになっています。しかし、あえてそのようなことをしてまで、評価額を高めることはないように思います。

(2) 基準法上の道路と路線価

路線価は本来、建築基準法上の道路（以下ここでは「基準法道路」といいます）に付されるべきです。しかし実際には、「基準法道路」ではないにもかかわらず路線価が付されていたり、逆に前述のように、それに該当するにもかかわらず路線価が付されていなかったりします。まあ後者であれば、遠慮なく評価を下げさせていただきますが、問題は前者の場合です。この土地は「欠陥敷地」（路線価評価上は無道路地）です。

しかし「基準法道路」ではないからといって、その路線価を無視すると税務署に叱られそうです。とはいえ当方もこのままの評価ではたまりません。

そのような場合には、付された路線価をベースに評価し、さらに無道路地の減額を行います。さらに「基準法道路」をベースに不整形地補正までを行うかどうかは、評価対象地の時価次第です（時価が大きく下がっているのであれば、不整形地補正も実施）。

(3) 特定路線価

私道といった行き止まりの道路には、通常は路線価が付されていません。そこでそのような場合には、その私道の路線価を決めてもらうために、税務署に対して「**特定路線価**」の申請をすることができる、といった定めをしています。

図表5－16　当局の特定路線価の感覚

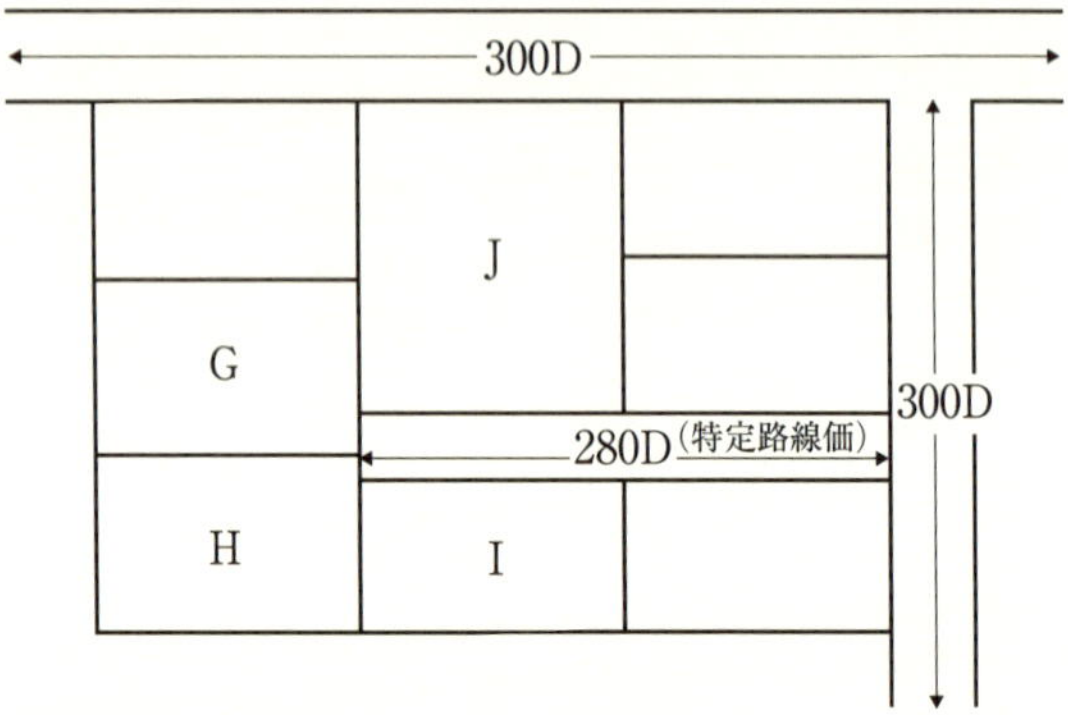

これは国税当局の担当者が書いた解説本で、事例として示されていた図です。公道に比べて20％は下がるべきなのに、私道の特定路線価の下落率は、わずか6.67％にすぎません。

しかしこれにより税務署が設定する私道の路線価は、公道の路線価に対して通常5～10％程度しか低くなりません（図表5－16）。実際には15～25％は下がると思われるにもかかわらずです。

そこでこのような場合には、あえて「特定路線価」は申請しません。評価規定も前述のとおり、ほぼ「申請することができる」といった定めになっています。これを逆に読めば「申請しなくともかまわない」と言えるわけです。

申請しない場合には、前述した「路線価なし」の場合に準じて評価します。これであれば2～3割減といった、ほぼ実情に合致した評価額となります。

第6章 税務調査

何も恐れることはありません

はじめに

申告書を提出して納税を済ませ、とりあえず「やれやれ」とひと安心します。とはいえその後も税務調査という強敵が控えています。なかなか枕を高くして眠ることができません。税務署員の側は、税務調査に出向いた以上は、何かを見つけてこなければならない立場にあります。したがって、適正に申告したつもりでも、何を言ってくるか分からないという面があります。納税者のみならず、税理士にとっても税務調査は嫌なものとなります。

さて相続税対策は、税務調査を見通したものでなければなりません。いくら立派な対策を実施していても、それが税務調査を通らなければ何の意味もないからです。本章は前章までに述べた相続税対策と、表裏をなすものとお考えください。

その意味から本章では、税務調査はどのように行われるのか、それにはどのような対応を取るべきか等に関して、詳しく説明していきます。これにより税務調査独特の発想や呼吸を知っていただきます。その上であらためて、「相続税対策はどうあるべきか」を考えていきたいのです。

申告書を提出した後に、評価額を誤ったこと等により税を払い過ぎていた場合には、税の還付申請が可能となります。

土地の評価規定はそう厳密なものではありません。この評価に自信のない税理士は、つい「無難な評価」「震え評価」という高めの評価を行います。このような場合には、税を余分に支払っている可能性がかなり高いことになります。

提出済みの申告書に関して、これらをチェックしてみるのも無駄ではありません。そこで余分に税を払っていると分かったら、還付してもらうことです。

本章では「相続力」の養成と活用を目的とする本書の仕上げとして、税務調査と税の還付策について説明します。

第1節　税務調査の実際

1　税務調査の流れ

(1)　税務調査の概要

税務調査は税理士にとってもいやなものです。知られたくない隠し事がある申告などは、滅多にありません。しかし申告内容には、解釈や判断の微妙な部分がいくつかはあるものです。調査で何も出てこなかった場合には、こうしたいわば「グレー」ともいえる部分を突っつかれるかもしれません。これらを否定的な目でかき回されれば、面倒なことになる可能性がかなり出てきます。また申告書に、ケアレスミス等がなかったとも言い切れません。税務調査では、こうした過去のチョンボも容赦なく暴かれてしまいます。

税務調査は、どれくらい行われているのでしょうか。筆者の場合には、申告件数の2～3割ぐらいと思います。「どのような事案が狙われるか」を考えるには、やはり**税務署員の立場で考えれば**分かりが早いでしょう。

税務署は将来の相続発生に向けて、多くの資料を収集・保存しています。過去の確定申告書や「財産債務調書」（高額所得者に提出が義務づけられる）等々。これらにより、「金融資産がどれくらいあるはず」という目星を付けています。ですから相続税がかかりそうな人が死亡すれば、半年もすると相続税の申告書を送りつけてきます。「ちゃんと見ていますよ」というわけです。結局こうした資料等から見て、「この申告はおかしい。務調査の対象となってしまいます。

とはいえ、「もっとあるはず」と思われそうであっても、中には特殊事情でさしたる金融資産がないというケースもあります。そのような場合には、私はその特殊事情を詳しく書いた補足説明書を、申告書に添付します。これにより「来ても無駄ですよ」ということを、先方に納得させます。税務調査回避の特効薬は、税務署を納得させることだからです。

しかし近年は、「遺産額も大きいし、おそらく来るだろう」と思う事案には来ないで、なぜだか分からないようなものに来るような気もします。後述するとおり、土地を見る目は「節穴」的だし、どうも税務署員のレベルが下がっているような気がしないでもありません。その上でつまらないことに関して、妙に強権的になったりします。困ったものです。

(2) 大切な事前打ち合わせ

税務調査の通知は、そのほとんどが担当した税理士宛に来ます。そこで税理士は納税者に連絡し、1~2週間先でお互いに都合のよい日を税務署に通知します。

そして税理士（主に筆者のことです。以下同じ）は、必ず調査の数日前に納税者宅を訪問して、税務調査対策といった打ち合わせを行います。まずは税務調査がどういうものか（主に本書の内容）を理解していただきます。そして本題の、相続財産の状況等についての確認作業に入ります。

何せ申告業務を終えてから約1年が経過しているわけですから、お互い当時の状況を忘れてしまっています。さらにはその後、予想外の事態が生じている場合（当時は分からなかった預金が出てきた等）もあります。こうした打ち合わせにより、頭を臨戦態勢モードにするわけです。

その上で調査の狙いは何かを考えます。そしてその対策を考え、納税者にこれを伝えます。たとえば「夫人名義の預金は、実質的には夫である被相続人のものだったのではないか」と突っ込んできそうであれば、夫人はどう答えるべきか等です。税務調査には税理士は立ち会いますが、税務署の質問に答えるのは基本的には納税者だからです。

こうした事前の打ち合わせは、納税者の不安を極力減らす意味においても、非常に大切なものとなります。

(3) 税務調査の実際

調査は通常は午前10時に開始されます。ここで油断できないのは、署員（人数は大半が2人）が、約束の10分以上前に現れるケースが少なくないことです。そしてそれは、税理士が来る前に納税者にプレッシャーをかけたり、さらにはその際の顔色を窺おうという狙いがあるようにも思われます。

筆者は15分以上前に行き、納税者に精神的にリラックスしてもらうようにしています。なお税務署員への昼食の用意は必要ありません。しかし最初に署員に昼食の件を聞くことにより、「外食するから気にするな」という回答を得ることにしています。とにかく納税者の心の安定が一番なのです。

さらに当方は税務署員に対して、「世間話的なものは手短にして、調査は早く切り上げてほしい。よかったら午前中で。遅くとも2時には終わってくれればありがたい」とダメ元の依頼をします。いかにもその後に仕事を抱えている、といった調子で言うのです。すると「じっくり攻めよう」と思っていたであろう矢先にこの発言を受けると、先方は意外とペースを乱すようです。そしてこの希望はけっこう念頭に置いてくれます。

さて調査の最初は、被相続人の経歴や家族構成等の一般的な話に相応の時間が費やされます。理由のひとつは、納税者の緊張を解いて話しやすくすることにあります。しかし大きな理由は、後で追求すべきことがらの「**外堀を埋めておく**」という戦術と思われます。

たとえば、「2年前に預金から払出した300万円は、何に使ったのか」という問いに、未亡人が「知りません」と答えたとします。すると「あれ、さっきは〝重要なことはいつも夫婦で相談していた〟って言ったじゃないですか」と突っ込んでくるわけです。

税務署員が昼食に出た後は、午前中の調査の反省会です。そして明白な欠点がない限りは、「今の調子で十分」と励ますようにしています。税理士は調査中にはほとんど口を挟めません。せいぜい具合が悪いときに、何らかのサインを送るといった程度です。ただし話が致命的な流れになりそうであれば、直ちに割り込みます。

午後になると、かなり具体的かつ生々しい話も出てきます。さらに税務署側の調査の狙いも分かってきます。その場で「いやそれは贈与の実態がないから、被相続人の遺産とみるべきだ」といった論争が始まることもあります。中には、「やれやれ、無事に終わりそうだ」などと考えはじめた最終段階になって、突然「実はこういう預金があるはずだ」などという話を出してくることもあります。

最後に税理士との間で問題点の整理が行われます。また多くの場合、税務署側から宿題（2年前に払い出した500万円の使途の調査等）が出されます。さらに古い預金通帳は、了解を得た上ですべて預っていきます。もっとも、近年はスマホの写真で代用しています。

彼らが帰った後は税務調査の反省会です。そこでは先方の狙いが何であったかや、どの部分は追徴の対象とされるかもしれないといった話になります。また今後の予想・スケジュール等も説明します。これを1時間程度行った上で、長い1日が終わるわけです。

いや、実を言いますと、さしたる調査ではなさそうな場合なら、近年は事前の打ち合わせの際に「昼食前に調査を終えてほしい。1時くらいまでなら延びてもいいから」と強く伝えます。調査当日の最初にも言います。むろん先方はすんなりはOKしませんが、大半はそのようにしてくれています。言ってみるものですね。

2　調査結果に納得がいかない場合

(1)　税務調査のその後

税務調査の後はどうなるのでしょうか。税務署の側は、通帳によるお金の分析や、税務調査で見つけた疑問点を金融機関に問い合わせる等により、その解明を進めていきます。税理士側は、調査の際に出された宿題があればそれを調べます。

そして1～2週間後に、税務署と税理士のやりとりが始まります。その後の調査結果を報告し合う他、税務署からは次なる調査依頼がなされることもあります。さらに課題となった預金等の財産の処理（課税財産に組み込むかどうか）の折衝も始まります。

こうしたやりとりが2～3回なされると（つまり調査から約1ヶ月後）、おおかたの疑問は解明されます。そして最終的な処理についての折衝に入ります。

折衝の結果、税理士が課税財産に組み込むことに納得した場合には、税理士は折衝過程等を含めその旨を納税者に伝えます。納税者がこれを了解すれば、税理士が**修正申告書**を作成し、納税者がこれに判を押します。そしてそこに記載された追加の税額を納付するわけです。

この相続税の本税を納付後間もなく、税務署から延滞税（現在は年2～3％）や過少申告加算税（15％、一定の場合は10％）の納付書が送達されます（場合により35％の重加算税も）。これを納付してやっと終了となります。

(2) 熾烈な折衝

となれば、税務調査後の折衝で税理士ががんばるかどうかが、追徴税額の多寡に少なからぬ影響を与えます。先方はなるべく多く取ろうとします。後述のとおり、この追徴税額の大きさが税務署員の人事考課に関係します。ですから、かなり多めにふっかけてくる場合もあります。これにホイホイ応じていたら、税理士は気楽でいいかもしれませんが（残念ながらこういう税理士がかなり多い）、納税者はたまりません。

払う側からすれば少ない方がいいに決まっています。しかし認めるべきものは認めるしかありません。稀にこれすら認めたがらない納税者もいますが、それは税理士が説明・説得します。

となると結局グレーゾーンのものをどうするかが問題として残ります。

場合によっては、「そこまで言うのであれば、こちらは修正申告書に判など押さない。更正処分でも何でもやってくれ」などという話も出てきます。しかし後述する更正処分は、実質的には税務署とのけんか別れです。

また後述のとおり、これは税務署側に大きな負担となります。となると税理士にとっても何かとプレッシャーです。ですから、こちらも更正処分はなるべく避けようとします。そして結果として、目いっぱい主張した上での落としどころに持ち込みます。つまり税の追加払いを前提とする、修正申告の提出です。

一方、税務調査が行われたものの、特段の申告の誤りがなく追徴すべき税額がないまま終わる場合もあります。この場合を税務署は「申告是認」といっています。この申告是認の割合は、筆者の場合では2～3割といったところです。

(3) 修正申告と更正処分

ところで、納税者が修正申告書を提出しないとどうなるのでしょうか。この場合には税務署側は納税者に対して、たとえば「2000万円の申告漏れがあるから400万円納税せよ」という**「更正」処分**（いわば「命令」）を行います。この更正処分に基づき納税することになります。これは後述する異議申立てをすると否とにかかわらず、とにかく払わなければなりません。

ただし更正処分はあくまで権力の行使です。これを行った場合には、そうせざるを得なかった（つまり権限を濫用したわけではない）ということを、内部的に説明しなければなりません。これをしっかりやらないと、会計検査院等による検査でお目玉を食らうようです。したがってそのための報告書等の作成は、ずいぶん面倒であるとのことです。

さらに納税者側から見ても、自主的に行う修正申告と命令に基づく更正処分とは同じではありません。つまり一度修正申告書を提出してしまえば、それに納得して自主的に申告したことになってしまいます。後で「やはりこの課税はおかしい。納得できない」と思い返しても、異議申立て等はもうできないわけです（更正処分であればこれができます）。

となれば税務署員の側からすれば、ぜひとも修正申告書を入手したいところです。そうであれば、税務署が強引に行った場合を含め、納税者が納得して申告したということになります。税務署側は単にこれを受理するだけで、事務的にも一件落着とすることができるわけです。

こうした事情から、税務署員は納税者や税理士に対して〝修正申告書を出すように〟と強く勧誘するケースが少なくありません。この勧誘のことを専門用語で「慫慂」といい、これを「ショウヨウ」と読みます。こうした難しい専門用語が未だに頻繁に使われているくらいに、「慫慂」が行われているといえるのかもしれません。

(4) 納得できかねる場合

さて、納税者が更正処分に納得がいかなかったら、その税務署長に再調査の請求(かつての異議申立て)を行うことになります。いわば「更正処分により過大に払わされた税額を返してくれ」という要求です。

むろん税務署はそのような異議は認めないでしょう(棄却処分)。となると今度はこれを**国税不服審判所**に持ち込みます(審査請求)。実はここも国税の組織に組み込まれています。ですからおいそれと納税者の主張は認めようとはしません。

となれば裁判に訴えることになります。しかし実は裁判所も行政側の味方というべき存在です。したがって勝訴は非常に困難です。かくして税務署の主張は、かなりの無理があっても大半が通ってしまいます。

ところで、更正処分を受けた金額を納付しないまま、納税者がこれを放っておいたらどうなるのでしょうか。その場合には国税側は、追徴額の徴収に向けてやがて財産の差押えを行います（さらには換価処分へ）。納税しようとしない者を放置していたら、他の納税者に対して示しがつきません。

国税庁は納税者の財産に関して、自分の一存で一方的に差押えや換価処分を行うといった自力執行権を与えられています。一般の場合、裁判を起こしその勝訴判決を得てからでなければ、こうした強行策は許されないにもかかわらずです。国税庁はこうした強大な権力・権限を背景に、国税の徴収を行っているわけです。

3　税務署に強い税理士を

(1)　税理士の多くが税務署の言いなり

税務署員は「仕事熱心」ですから、「物は試し」的なものを含めいろいろなことを言ってきます。したがって、税務調査やその後の折衝において、税理士は税務署の言いなりになってはなりません。軽々に先の「慫慂」に乗るなど論外といえましょう。公正をしっかり念頭に置きつつも、**税理士はあくまで納税者の利益を守るべき立場**にいます。そもそも報酬は、納税者から頂いているのです。

ところが税理士は、自身にとっても「怖い存在」である税務署とは、「いざというときのために仲良くしておきたい」という心理が強く働くようです。まして税理士の約3〜4割を占めるといわれる国税ＯＢ税理士は、そのほとんどすべてが税務署的な発想をします。さらに情けないことに、税務署員からも「税理士は税務署側の人間である」と思われているようです。

⑵　署員の奥の間への進入

筆者が新米税理士の頃の税務調査での話です。署員が古い以前の預金通帳を見せてほしいと依頼しました。そこで未亡人が「奥の部屋から持ってくる」といって立ち上がりました。すると署員は、「一緒について行きたい」と言うと同時に、中にズカズカ入っていきます。そして未亡人が押し入れを開けて書類箱から通帳を取り出そうとするや否や、「その書類箱を見せてください」と言いつつ夫人から書類箱を奪い取り、中の書類のすべてを念入りに調べ始めたのです。

未亡人は奥の間に入られた上、私的な書類をすべて見られてしまう状況にとまどっていました。プライバシーも何もあったものではありません。そして当方も屈辱の思いで、この事態を黙って見ているしかなかったのです。我ながら情けない新米税理士でした。

その後こうした対応は、税務署の常套手段であることを知りました。そこで後の他の税務調査の際には、その手に乗らないように事前に納税者としっかり打ち合わせを行いました。署員の「古い通帳を見せてくれ」という依頼に、夫人が立ち上がります。その際、「一緒に行かせてほしい」という署員の依頼を、筆者がやんわり拒否したのです。

すると署員は驚いて「先生は税務調査を拒否なさろうというのですか」などと声を上げます。「違いますよ。奥さんがご要請の通帳を持ってきてくれるから、それまで待ってほしいと言っているだけですよ。これのどこが調査拒否ですか」。当方は落ち着いたものです。

「いやこんな税理士は見たこともない。この『拒否』は署で内部的に問題になるはずだから、上司の了解を得たい。電話を拝借したい」と顔を真っ赤にして言います。非協力税理士への、目一杯の脅しのつもりなのでしょう。しかし当方は「どうぞどうぞ」とすましたものです。こちらの対応に何の問題もない以上、そんなみっともない電話がかけられるわけがありません。

署員も一応は受話器に指を回す仕草はしましたが、結局かけずじまいです。そしてその後の調査も、通常と変わりなく終わりました。確かこの事案は、最終的に「申告是認」で済んだように記憶しています。

(3) 税務署からの嫌がらせ

このように、税務署にいわば「逆らう」税理士は、「税務署から嫌がらせを受けるのではないか」という疑問を持たれるかもしれません。おそらく、かなり多くの税理士はそのように考え、「税務署と友好関係を築いておこう」と考えているのでしょう。私自身もかなり昔、そう考えていた時期があります。

結論を申し上げます。そのようなことは一切ありません。嫌がらせ的なことをされたことはもちろん、敵意を示されたことも皆無です。少なくとも税務に関する限り、日本は悪い国ではないと考えます。

ある意味で、私は国税当局に一番「逆らっている」税理士であろうと思います。何せ私は、これまでに国税当局を相手取った審査請求や裁判を20件前後は行っています。その多くが土地評価に関するもので、評価規定そのものを変えさせるといった意図の下に強烈にやります。

もっとも、国のメンツを最優先する裁判所は、滅多に勝たせてくれません。とはいえ、私の裁判等の終結後間もなく、当局が制度の変更を行うことがしばしばあります。今般の広大地の規定の変更や、「老人ホームへの入居も小規模宅地の特例適用ＯＫ」も、その類いであろうと自負しています。

税務署員の中には極めて少数ですが、私がそうした争いをしていることを知っている人もいます。そして彼らは私に敬意を示してくれます。そして、密かに応援すらしてくれます。彼らも現場の人間として、評価規定等の矛盾を感じているのでしょう。

税務調査が終了した後の雑談の際に、その場の雰囲気でこちらから、「この調査の件とは全く関係ありませんが、土地の評価規定ってかなり具合が悪いですよね。たとえば……」、なんて調子で話しかけます。すると先方から、控えめながらも本音の話を漏らしてくれる場合が少なくないのです。

それやこれやの体験から見て、「嫌がらせ」等は全くの考え過ぎといわざるをえません。

4 税務署側の事情

(1) 税務署員の立場

一般に「お役所仕事」の用語に象徴されるように、公務員の働きぶりにはとかく批判が強いようです。しかし少なくとも警察と税務署に関しては、その例外といわなければなりません。国の基盤である治安と財政は、彼らの働きにより支えられているといっていいと思います。

この両者に共通するのは、「出世した者が勝ち」という**階級社会**であるという点です。有り体に言えば、民間会社顔負けのノルマが与えられ、これを達成した者が昇進するというスタイルです（むろん民間と同じく、多少の情実も介在しているようですが）。ただし昇進した者には、その地位に応じて、（内部に対する序列のみならず）外部に対する「権力」をも与えられます。つまり出世により得る果実は、民間よりはるかに大きいといえましょう。

そうした意味からも、大半の税務署員は出世を目指して必死に仕事に邁進します。ですから税務署員は勉強もしっかりやります。この点、眠りこけているような地方自治体の税務担当者とは、わけが違います。

税務署員の典型的なノルマは、ズバリ「**増差**」です。これは税務調査等により、追徴することとなった税額（つまり「増」やした「差」額）をいいます。彼らは「増差」を獲得するために働いているといっても過言ではありません。

そうであれば、彼らにとって税務調査は真剣勝負の場となります。何が何でも増差を見つけようとします。増差が発見できないような調査を続けていたら、上司にドヤされるに違いありません。その上司の出世も、部下が取ってくる増差の額にかかっているからです。いやはや役所も民間も、ノルマはつらいですね。

ところで筆者は、こうした話を興味本位でお話ししているわけではありません。これらは納税者側が難しい対応を迫られた場合に、どう対処すべきかを考えるためのものです。そしてそのポイントは「自分が相手の税務署員だったらどう考えるか」にあります。そしてそうであるならば、税務署員の置かれた立場は、しっかり理解しておく必要があるわけです。

(2) 国家権力の存在

国税庁は税の徴収に関して、強大な権限・権力を握っています。現実には、税務署員一人ひとりがこれを持っているともいえます。それが最も鮮明になるのがこの税務調査の場です。担当者が調査の結果、「1000万円を追徴課税する」と宣言すれば、実質的にはそうなってしまいます。

前線の担当者の士気に悪影響を与えたくないのでしょう。税務署といった組織は、こうした最前線の担当者の意向を尊重します。上司等が内心「それは少しやり過ぎではないか」と思っても、対外的な面子も含め、意地でもこれを押し通そうとするようです。

ただし、大半の税務署員は相応の良識を持っています。そうそう無茶をやるわけではありません。しかしごく稀に税務調査等で、とんでもないことを言い出す人がいるのも事実です。となれば納税者側とすれば、そうした不運極まるケースも想定しておかなければなりません。ここが悩ましいところです。

仮に納税者が、あまりにも税務署側が無茶と思われる事案を裁判等で争っても、裁判所等は税務署に加担します。したがって税務署員に「エイヤッ」とやられたら、もうほとんどそれは覆りません(大例外があるにはありますが)。そうした意味をも含めて、納税者や税理士にとって、税務署や税務署員は怖い存在となるわけです。

とはいえ広い意味では、「怖い存在である」ということは、国家という組織を維持するに当たって当然のことといえましょう。税務当局に強大な権限がなければ、脱税が横行します。事実、発展途上国には税務当局が軽んじられているケースが多いようです。これでは、ほとんど納税しないままの一部の大富豪・大会社が栄える一方、税収の上がらない国政や国民経済は停滞してしまいます。

(3) すべての判断基準

今日さまざまな相続税対策が考案され、また実施に移されています。しかしそれらが本当に有効かどうかは、必ずしも定かではありません。この有効性が明らかになるのは、税務調査の場でそれが問題にされないことが分かったときです。

その一方、それが税務調査で否認されたら元も子もありません。もっとも税務調査が来なければ、「やり得」といえるかもしれません。その一方、そうした妙な対策の実施が税務調査を呼び込んでしまうという可能性もありましょう。

いわゆる節税対策は、税務調査の動向を十分踏まえたものでなければなりません。つまり特殊な部類の相続税対策の提案は、多くの税務調査を経験した人による、あらゆる可能性を十分検討されたものであるべきです。一見、理屈の上では問題ないように見える対策も、税務署特有の発想を含めた全体の流れから考えておかないと、とんでもない指摘を受ける可能性があります。

一方、税務調査後における税務署と税理士の折衝においては、ときに税務署は無茶ともいうべき要求を持ち出してくる場合もあります。税理士側がこれを拒否すると、税務署は「更正処分」という強行策に出るか、税理士の主張を入れて要求を撤回するかのぎりぎりの判断を行います。その判断基準は、強行策が国税不服審判所や裁判所での争いに持ち込まれた場合に、国税側が勝てるかどうかにあるはずです。

むろんこちら側も、強硬に税務署の要求を拒否して、最後まで争ったらどうなるかを考えます。基本的には税務署の味方とはいえ、さすがに裁判所も、何でもかんでも税務署を勝たせるわけではありません。その上で納税者側が「勝てる」と思えば、あくまで先方の要求を突っぱねます。税務署が折れてくる可能性は極めて高いと思うからです（なおそれでも無茶を言ってきたら、当方は争いに持ち込みます）。

結局、税務調査やその後の折衝の最終判断は、「**争った場合に勝てるか否か**」に集約されます。こうした判断が行われる点を含め、「税務調査は、税務における扇の要」というべき存在といえましょう。

第2節　調査対象事項

ここで税務調査では、「主にどのようなものが対象とされるか」に関して、全般的に共通するものを見ていきます。

1　総　論

(1)　不動産への調査

まず筆者の経験では、不動産に関して調査の対象とされたことはほとんどありません。土地等に関しては、ギリギリの工夫等によりかなり低めの評価をしているにもかかわらずです。とはいえ調査の対象とされることのないように、工夫をした評価に関しては、その評価過程やそのような評価をした理由等を、申告書であらかじめ税務署員に分かりやすく説明しているのも事実ですが。

推測するに、税務署員はこうした説明等から見て、申告した税理士は相当不動産に強いと判断し、調査対象から外しているのではないかと思います（むろん当方はそうした見方をされることを期待して、いろいろ書いているという側面もあります）。

とはいえ遺憾ながら筆者も、土地評価でつまらないチョンボをしてしまうことも、全くないわけではありません。しかし税務調査を受けた事案でさえ、これらを指摘されたことはほとんどありません。ともすると彼らは、土地はほとんど見ていないのではないかとさえ思えてきます。そしてこうした話は、他の有力税理士からも耳にします。

結局のところ、これは第4章で述べたとおり「税務署員は不動産を知らない」というところからきていると思われます。

(2) 金融資産総論

したがって、税務調査の対象となるのは、圧倒的に預貯金を中心とする金融資産です。税務署は金融機関には対しては断然強い立場にいます。何せ金融機関の監督官庁である金融庁は、国税庁の親戚のような存在です。したがって、必要があればすぐ預金内容を照会しますし、金融機関は直ちにこれを正確に報告します。何より税務署員は、金融資産の調査には舌を巻くほどの実力を発揮します。その**ねばり強い調査能力や行動**には、本当に頭が下がります。

さて金融資産に関する調査の中心は、もちろん計上漏れ資産の発見です。とにかく、何やかにやの手法で見つけ出してきます。どうして見つけてきたのかが分からないものも少なくありません。

前述のとおり税務署は、各種の資料から「あの人の相続であれば、金融資産はいくらぐらいあるはずだ」という推測を行っているはずです。これに比べて申告額が少なければ、その点を中心にとことん突っ込んできます。

そうでなくともやはり計上漏れを追及してきます。その手段の中心は、各金融資産相互間の出し入れでしょう。多額の払出しがあれば、それに見合う定期預金とか株式の購入とかを探します。それがなければ、「そのお金はどこに行ったんだ。どこかに隠したのではないのか」ということになります。こうした作業を根気よく丹念にやるわけです。

(3) 隠したい

税理士として相続人の方から遺産内容をお聞きしている最初の段階で、たまに「この預金は申告したくない。出さなくていいでしょう?」などと問いかけられることがあります。金額は200~300万円といったところです。

金額がそう大きくないことから、何かの思い入れがあるのか、あるいは軽い気持ちから出た言葉だと思われます。そうした気持ちは分かる気もしますが、その場合はソフトに、「いや、それも出された方がいいと思います」とお伝えしています。

別に私は税務署の回し者ではありません。ただしズルが好きでないのは事実です。それよりも、あくまで損得勘定の面から、それが納税者の利益にならないと確信しているのです。なぜなら、それが税務調査を誘発する可能性があるからです。

今お話ししたとおり、税務署の金融資産に対する調査能力はかなりの高水準です。税務調査に出向く前に銀行等を少し調査しただけで、隠し預金が発見されてしまう可能性があります。となると「他にもあるかもしれない」とばかり、単なる問い合わせや呼び出しレベルではなく、本格的な税務調査に移行しかねないのです。さらには、調査に出向いた際に他に何も出なかったとしても、彼らに「この隠し預金を指摘することにより、調査が空振りにはならない」という安心感を与えてしまいます。

ただしこうした説明は、いまひとつご理解いただけないかもしれません。そこで私はいつも次のようにお話しします。

「申告が無事済んでも、その後の1～3年は税務調査が来るかもしれない」という不安が残るはずです。税務調査は嫌なものです。たかだか200万円でも隠してしまえば、「税務調査でその点を追及されたらどうしよう」と不安になってしまいます。そしてその不安は頭から消えません。税額にして数十万円程度のもののために、長期間そんな気分でいるのはつまらないのではないでしょうか。しかし、すべての財産を申告してしまえば、何ら後ろ暗い気持ちを持つ必要はありません。全部出して「ドンと来い」ぐらいの気持ちでいた方が、精神的にずっと楽なはずです。

この説明で、ほぼすべての方に了解をいただいています。これを聞いても了解なさらないような「意志の固い」人は、そもそも税理士に話すようなことはせず、独自に隠していると思われます。しかしこうした理由から、心底「およしになった方がいい」と思いますけどね。

2　家族名義預金

(1)　名義預金の存在

税務調査における**最大のターゲットは、家族名義の預金**といっていいでしょう。一般に資産家にあっては、その配偶者名義や子名義の預金等が多額にあります。税務署員は、「これらの預金は、配偶者等のものではないのではあるまいか。つまり被相続人が所有していた金融資産を、単に配偶者等の名義にしていただけの預金（「名義預金」といいます）ではないか」と考えるのです。

仮にそうであれば、その名義預金は申告書への計上漏れということとなります。税務署員とすれば、めでたく「増差」にカウントすることができるわけです。

確かに資産家は、相続税対策的な意味を込めて、金融資産を家族名義で作っているケースがかなりあります。ところがその多くは、本来の相続税対策を研究した上のものではありません。つまり「聞きかじりをベースに何となくやった」といったものです。贈与の要件を満たすように、きっちり行われているわけではないのです。

また遺族は、相続発生後に金融資産を調べてみた段階で、初めて自分名義の金融資産の存在を知るというケースもあります。それでも遺族は、名義預金は相続財産から除外したいと考えます。相続税は少ない方がいい上に、それが亡夫の意向であるように思ったりもします。

しかし税務署は、そのような中半端な名義預金を見逃しません。事実、これがそうした経緯で作られているのであれば、客観的に見てもそれは相続財産です。税務署の指摘は正しいのです。

(2) 配偶者名義預金

名義預金の典型は、専業主婦の配偶者が、数千万円という多額な預金を持っているといったケースです。特に収入のないはずの専業主婦が、通常はそうした大金を貯めることはできないはずだからです。

ところで、ご夫人方はよくこう言われます。「この私名義の預金は、夫から渡された月々の生活費をやりくりして、私が貯めたもの。だからこれは私のものです」。

それが夫婦間での話であれば、確かにそのとおりといえましょう。しかし税務的には、そのお金の出所が夫である以上、その預金は夫のもの（つまり相続財産）とせざるを得ません。

ただしそれらが、後述するような贈与が行われたものであれば問題ありません。この他、その金融資産が結婚時の持参金であったり、結婚前の勤め人時代に貯めたお金、さらには実家からの相続財産によるもの等であれば、当然ながらセーフとなります。

さらに、少しでもパート勤めや特殊な臨時収入があったのであれば、しっかりこれを主張します。よくあるのは、配偶者が被相続人の賃貸事業等の青色専従者として、夫から給料を得ているケースです。そしてその場合には、被相続人の過去の所得税の申告書に金額等が明記されています（申告書に計上されていなければまずアウト）。そうであればこれは十分主張できます。

さらにかなり以前からの配偶者の金融資産であれば、長年の間の利子が付いているはずです。昔の金利はかなり高水準にあっただけに、これらもかなりの額になりましょう。

なお配偶者の収入等も、本来は「そのかなりの部分が生活費に投入されているはず」という考え方もありましょう。しかし生活費は誰の収入で賄おうとかまいません。したがって「生活費はすべて亡夫の稼ぎを投入し、配偶者の金融資産は一切手を付けなかった」という主張をします。そして税務署はほぼこれを受け入れてくれています（預金通帳が明らかにこれに反した動きをしていれば、話は別ですが）。ただし、以上のどれにも該当せず、漠然と配偶者名義になっている預金は、大苦戦を免れないでしょう。

なお配偶者以外の名義預金のポイントは、贈与がなされていたかどうかです。この点については後で少し詳しく説明します。

(3) 申告段階での作業

とはいえ本来こうした金融資産は、相続税の申告の時点で、相続人から名義預金等に関しても税理士が詳しく事情を聴取して、相続財産に計上しているはずです。となれば本来は名義預金の問題は発生しないようにも思えます。

しかし状況によっては、相続財産か夫人固有の資産かの判断が難しい、といったケースも少なからずあります。その上であえて相続財産から除外した、というケースもあるわけです。そうであれば、税務署がこれらの資産を指摘してきた場合には、こちらは目一杯反論します。

その一方、相続人自身がこうした名義預金の存在を税理士に伝えていない場合もあります。そしてそこには、「配偶者（母）が金融資産をどれくらい持っているかを、子供に知られたくない」といった気持ちによるものもあります。

税務署は、金融機関の調査によって家族名義の預金もすべて把握します。したがってこうした説明ができかねる名義預金が出てきてしまえば、ほぼギブアップとならざるをえません。

3　過去の贈与 その他

(1) 贈与とは

贈与に関しては、すでに第3章第3節でかなり詳しく説明しました。実はその主な目的は、この部分の理解を深めていただく点にありました。そしてその最重要の内容は、次の説明部分です。

> 贈与とは民法上の贈与、すなわち「当事者の一方が自己の財産を無償で相手方に与えるという意思を表示し、相手方がこれを受諾することによって成立する」契約をいいます。つまり「あげるよ」「ウンもらったよ」という両者の合意が必要です。ですから、親が贈与のつもりで子の名義で預金をしても、子がそれを知らない限り贈与は成立しないわけです。そして税務署もそう考えています。

過去に被相続人から贈与が行われたと判断されれば、その財産は配偶者等の受贈者（もらった人のこと）のものとなります。したがって、その財産を申告書に計上する必要はありません。一方、贈与がなされたとする資産に関してのその贈与が否認されれば、その財産は相続財産に追加されることになります。

また贈与がなされていたとされても、その贈与について6年間の時効が成立していなかった場合には、贈与税が追徴されます（むろん各年につき基礎控除の110万円以下ならOK）。さらに贈与が相続開始前3年以内に行われていたのであれば、その全額（基礎控除の額は無関係）が相続財産に加算されることになっています。

したがって税務調査の場では、過去数十年間になされたとする贈与の妥当性（本当に贈与がなされていたのか）のチェックを行うとともに、その取扱いを判断することとなります。

(2) 贈与か貸付金か

第3章における贈与の項で、次のような説明をしました。

> 「親が30歳の会社員の住宅取得に関して、5000万円を貸した」などといった場合には、税務署はその大半を贈与と認定するでしょう。その年収では5000万円など返せっこないからです。このような「ある時払いの催促なし」は、贈与であるとして課税します。

この事例によって、「貸付金でという体裁であれば、一応は贈与ではないという理屈になります。しかし客観的に返せるはずのない額を『貸付金』と称した場合には、税務署は贈与と認定する」というお話をしたわけです。こうした税務署の対応はリーズナブルといってよいでしょう。

ではこのケースで、「5000万円の貸付け」の事実を税務署が気付かなかったとしましょう。そしてその20年後にその親に相続が発生した場合に、納税者側が「この5000万円は20年前に贈与を受けた」と強弁したらどうなるでしょうか。

ここでの判断基準は、「自分が税務署員だったら……」です。すると彼らは、ノルマ以前に「こんなずるい主張を認めてなるものか」と思うに違いありません。となると20年前の5000万円の動きの前後の事情を、徹底的に調査するでしょう。

そして、相応の資産家であれば、贈与税の仕組みを十分承知しているであろうことや、その上で「5000万円」は贈与として認定されるであろうこと等を十分考えているはずです。

であればおそらく、当時の税務調査の対策として、当初の数年間は親の通帳に、子が毎月○万円を振り込んでいることが予想されます。むろん「これは贈与ではなく貸借です。その証拠に毎月○万円の返済を行っています」といった弁明をするためです。

そうした事実が発見されれば、一巻の終わりです。そうした預金の動きが「贈与ではなく貸付金」を明示しているからです。したがって未返済額（おそらく4500万円以上）はドカッと貸付金として相続財産に加算されます。

仮に「その時点で未返済額の贈与を受けた」と主張した場合には、「ではその贈与を受けたことを立証してくれ」と言ってくるでしょう。少なくとも筆者ならそう言いますから。そのような立証は不可能でしょう。これでアウトとなります。

仮に（毎月の振込みといった）それらの状況証拠が挙がらない場合には、強硬手段に出る（確率7割?)か、あきらめてくれる(確率2～3割?)かのどちらかでしょう。

強硬手段とは、相続財産に貸付金という5000万円の資産を加算することです。その理由は、贈与税の申告がなかったこと(つまり贈与の認識自体がなかったと推定される)、贈与契約書も作成されていなかったこと等です。

こうした税務署の主張は無理筋(そもそも、当時5000万円の動きを放置していた税務署にミスがある)であるように思われます。しかし納税者の主張も、かなりずるいように思います。したがって納税者がこれを争っても、国税不服審判所や裁判所は、税務署を勝たせると思われます。そして前に述べたとおり、税務署が「勝てるだろう」と思うからこそ、強硬手段を選択する確率が高まるわけです。

(3) 貸付金には時効がない

ここで「貸付金」が税務署に好まれる重要な理由を示しておきます。それは「贈与には時効があるが、貸付金にはそれがない」という点です。つまり先の事例のように、資金の移動が20年前でも課税が可能である一方、贈与であれば、6年経っていれば時効でギブアップとなります。

したがって死んだ父が、「親戚や友人に、〝ある時払いの催促なし〟の状況で大金を貸していた」などということになると、これは一大事です。本音では贈与したのでしょうが、形式的には貸借という体裁を取っているでしょう。こうした事実が税務署側に知られてしまえば、「これは貸借（貸付金）である」という認定をされると考えなければなりません。

ですから、通帳の動き等からこうした「ある時払いの……」の存在が知られる可能性があるのであれば、事前の対策が必要となります。つまり申告の前にその受贈者に会い、「死んだ父は贈与したと言っていた。むろん我々も返してもらうつもりはない。税務署から問い合わせがあったら〝当初からもらったものだ〟とはっきり答えてほしい」と伝えることです。

4　使途不明金

(1)　脱税と申告漏れ

金融資産の調査でもうひとつ問題となるのは**使途不明金**です。相続開始の数年前に被相続人の通帳から払い出された大口の資金で、その使途が不明のものがあれば、調査担当者はこれを懸命に究明します。つまり税務署とすれば、それは隠し預金（その他無記名債権や貴金属、さらには札束での隠蔽）の存在を疑っているわけです。

確かに「お迎えが近づいてくる」などと感じはじめれば、本人や家族が、本気で税金を減らしたいと考え出すこともありましょう。そんなときに「預金をどこかに移してしまおう」と考えてもおかしくありません。

本来税務調査は、このような意図的な脱税行為を発見するためのものといえます。これを見逃してしまえば、納税者側によるそうした「成功例」が、自慢話的に流布される可能性がありま す。そうなると「よしウチも」などと、脱税が広がりかねません。

となると税務署側は、後述するとおり使途不明金を徹底的に探そうとします。それのみならず、このような「仮装（二重帳簿のイメージ）や隠蔽（架空名義等）」が発見された場合には、許されざる「脱税行為」として、**重加算税**という特別の罰を科します。脱税は犯罪なのです。

一方、今まで述べてきたケース（仮装・隠蔽行為の伴わないもの）は「申告洩れ」という認識・表現となります。ただしこの場合にも、本税の他に過少申告加算税と延滞税が課されます。なお過少申告加算税は本税の15％（一部10％も）で、延滞税は2～3％（公定歩合に連動）です。

しかし重加算税は本税の35％と高く、また延滞税もかなり不利な取扱いとなります。また脱税の額が大きい場合等では、検察庁に告発されることもあります。国税側とすれば、こうしたきついお灸によって、「違法な脱税行為はやめておいた方が無難」という健全な常識を、世に流布させることを狙っているわけです。

税務署員は、税務調査により重加算税を課すことのできる脱税的行為を発見すると、成績にかなりのプラスαが付くようです。したがって使途不明金の追及をはじめとする「仮装・隠蔽行為」の探索には、いよいよ力こぶが入ります。

(2) 使途不明金

こうした背景事情もあって、税務調査では相続開始前の1〜3年前（金額によってはより以前）の、数百万円クラス以上の預金払出しに関して、その使い道を聞いてきます。むろんそれが他の預金への振替えや送金されているものであれば問題ありません（送金先は調査します）。問題は直接現金で払い出されている場合です。つまり税務署は事前に金融資産の動きを調べた上で、大金をあえて現金で払い出している資金の使い道を聞いてくるわけです。

むろん、それが家の改築資金であるなどが、はっきり説明できるのであればノープロブレム。問題はそれが分からない場合です。

この分からない場合に、払出し手続きを相続人が行っている場合には、当然ながら厳しく聞いてきます（払出し手続きにおける筆跡等は調査済み）。そうではなく、被相続人がそれを払い出しているのであれば、「分からない」ということもあり得るでしょう。しかしその場合でも税務署はおいそれと納得しません。

そして、税務調査の場では「分からない」という結論が出た場合には、必ず税務署員から「ではよく調べておいてください」という宿題が出されることとなります。

(3) 使途不明金をめぐる攻防

となると納税者側は、しっかり調査を行った上で方針を決めなければなりません。この場合の結果や方針を大別すると、①「（調べてみても）本当に分からない」、②「（調べた結果分かった場合を含め）正直に答える」、③「（分かってはいるものの、納税者の都合等により）あくまで分からない」と突っ張る、の3通りとなりましょう。

しかしそうであれば、②の場合は正直に答えることにより一件落着します。一方①と③は、税務署に「分かりません」と突っぱねることになります。

③の多くは納税者のよからぬ都合によるものでしょうから、（正直に対応した方がいいといった助言はしますが）税理士の立場は割と気楽です。つまり単に、納税者が「分からない」と言っていることを伝えるだけです。

税務署がこの「分かりません」に納得してくれればもうけものですし、税務署のがんばりで遺産の所在を発見してくれれば、それで落着です。そのどちらでもない場合には後述のようにどこかで妥協するわけですが、「税務署ペースで妥協して元々」の話ですから、そうプレッシャーはありません。

ところが①の場合はそうはいきません。「本当に分からない」ということは、その財産は「ない」わけです。にもかかわらず税務署はおいそれと納得しません。「どこかにあるはず」として、今にも課税しかねない勢いです。

そのうち税務署側は、「どうも本当に分からないらしい」ということが分かってきます。となると彼らは納税者側にこう言ってきます。「使途が明らかでない以上は、その財産はどこかにあるはず。だからその財産があるものとして修正申告に判を押してほしい」。

実は大半の税理士は、「分かりました。納税者にそう話します」などと言って、この妙な税務署の主張を受け入れているようです。だから税務署も、堂々とそういうおかしな要求をしてくるわけです。

むろん私はそのような要請は断固拒否します。しかし先方はおいそれとあきらめません。それでも「課税したければ更正処分をしてほしい。再調査の請求で争うから」と言うと、その多くは引き下がります。課税処分をする以上は、税務署側に財産の所在の立証責任があります。財産の所在を具体的に指摘できない以上、無理な課税処分であることが明らかとなるからです。

とはいえそこまで言われれば、税務署側が「別の件で何とかこの落とし前を」と考えるのは人情かもしれません。判断が微妙に分かれるといった問題（家族名義預金や過去の贈与等の問題）が他にあれば、意地悪い判断をしてくるはずです。したがってそこまで突っぱねるかどうかは、他に不安材料がどの程度あるか等、申告内容全体を見た上での判断となります。

場合によっては、これを認める（財産があったことにする）ことを、他の微妙な案件を先方に認めてもらうための交換条件にすることもあり得るでしょう。

ここまでくると、もはや理屈以前の交渉術、もっと言えば執念がモノをいう分野であろうかと思います。この辺も税理士の腕の見せ所といえるわけです。

第3節　税の還付策

今までは、税務署側から納税者の誤りを指摘され追徴を受けるという話でした。

今度はそうではなく、納税者の側が申告書の誤りに気付いた場合に、納税者はどのようにするべきか、とりわけ「払い過ぎた場合は……」というお話です。

1　更正の請求

(1)　**税額を減らす**

相続税や所得税といった多くの税は、**申告納税方式**といって、納税者が提出した申告書によってとりあえず税額が確定します。ではこの申告納税方式で、納税者が間違った申告書を税務署に提出してしまった場合はどうなるのでしょうか。

まず税額を増やすのであれば、「**修正申告書**」を提出すればそれで終わりです。単に申告納税額を自主的に修正するだけです。むろん追加の納税も自主的に行わなければなりません。

ところが税額を減らす修正（つまり税の還付）は、少しやっかいとなります。いったん確定した税額を減らす以上は、その減額が妥当であるかどうかを税務署が検討することになります。そしてそれが妥当ということになれば、税務署の権限でこれを減額します（減額更正処分）。そうなってはじめて税金が還付されることになります。

したがって納税者側は、税額を減らそうとする場合には、税務署に対してこの「減額更正をしてほしい」という請求をします。これを「**更正の請求**」といいます。つまり税額を増やす方は「修正申告書」の提出で確定しますが、税額を減らす方は、まず「更正の請求書」による減額の請求が必要となるのです。この修正申告と更正の請求は納税者側から行う税額の変更の要請です。

逆に税務署側から一方的に行うもの（行政処分）もあります。ひとつは、すでに納税者側から申告がなされたものを否定し、一方的に税額を増減させるもの。これを「更正」といいます。もうひとつは、無申告者に対して「○万円納税せよ」というもので、これを「決定」といいます。

(2) 請求可能な期間

更正の請求は、法定申告期限（相続開始後10ヶ月）から5年以内でなければ行うことはできません。この5年とは税に関する時効期間です。5年間が経過してしまえば完全にギブアップです。また、税務調査等による税の追徴ができる期間も、原則としてこの5年（贈与税は6年）です。ただし、二重帳簿の作成など悪質なものの場合は7年となります。

実は、平成24年まで、更正の請求期間は1年でした。しかし税の追徴が5年で還付が1年では不公平、という声が高まりこのように改正されたわけです。

もっとも改正前でも、1年を経過した後には**「嘆願」**という体裁の還付申請（お願い）をし、その内容が妥当であれば、ほぼ還付されていたのも事実です。

ただし、「更正の請求」は納税者の権利であって、税務署はこれを放置することはできませんが、「嘆願」は納税者の権利ではありません。1年を過ぎてしまった場合、納税者はひたすらお願いするより他なかったというわけです。

(3) 争いにおける「更正の請求方式」

しばしば、国税当局の定める評価規定（評価通達）を適用すると1億円になるのに、時価はせいぜい4000万円程度にしかならない、という土地があります。そもそも評価通達は、相続税法が定める「時価で評価せよ」の手段にすぎません。ですからこの場合には評価通達の規定がおかしいわけです。

そこで納税者が、評価額を（理由や根拠を説明した上で）時価である4000万円として申告したとしましょう。しかし面子を最優先する税務署は、ほとんどすべての場合でこれを否認します。ちなみに鑑定評価書を添付しても、結果はほとんど変わりません。

そして評価額を評価通達に基づく1億円として、不足の税（たとえば1500万円）を追徴します。そうすると、その追徴額の約2割（つまり約300万円）の加算税等（過少申告加算税と延滞税）も課されてしまいます。

納税者はこれに納得しなければ、税務署への「再調査の請求」等により争うこととなります。しかし、最終的にそれがほとんど認められないということは、前述のとおりです。したがってこのような場合には、ほとんどすべての人が最初からあきらめて1億円で申告します。

しかし中には、「とても納得できない。負けを覚悟してでもとことん争いたい」と言う人もいないわけではありません。とはいえ負けた場合に、「本税（1500万円）の追徴はしかたないとしても、加算税等の300万円はもったいない」という考えが出てきます。

そのような場合には、とりあえず当初申告においては「1億円」で申告して、それに見合う1500万円の税金も払っておきます。そしてその後に、「評価額は4000万円であることが判明したから、過大に納付した1500万円を還付してくれ」という更正の請求を行います。これであれば争いに負けた場合でも、300万円の加算税は課されずに済むというわけです。

ちなみに筆者は、多くの場合、この「更正の請求方式」をとります。これならば、争いはいわば「ダメ元」で行えるからです。

しかし、この方式には欠点があります。いったん申告により確定した税額に関して、納税者側が、「それは誤りだから税金を返してくれ」と請求すると、役所・裁判所側は、「そうであれば納税者側が、誤りであることを立証せよ」と言ってきます。その上で「立証責任が果たされていない」ことを理由（口実）として、納税者側を負かすケースが少なくないのです（もっとも、当初申告から争っても、国税側にその処分の正当性の立証を求められるわけでもないのですが）。

2　提出済みの申告書の見直し

(1)　嘆願ビジネス

第2章第2節で、世の中の相続税申告書にはかなりの「無難な評価」や「震え評価」が存在しているとお話しししました。その結果、過大な相続税を払っているケースが少なくないのです。

この点に着目して、5～10年前頃には「嘆願ビジネス」というべきものが流行りました。すでに相続税を納税している人の申告書を見せてもらい、「無難な評価」等を行っているケースを探し出し、これを正当な評価に修正することにより、相続税の還付を請求するのです。

請求時点のほとんどは納期限から1年を経過しているため、「嘆願」方式でいくよりありません。そして、不動産の調査や申告は無料で行い、還付がなされた場合に限って多めの報酬を受け取るという成功報酬方式が多かったようです。

実は私のところにも知り合いから多くの事案が持ち込まれました。その際に極めて多くの「無難な評価」「震え評価」を目の当たりにしたのです。事実、持ち込まれた申告書の約9割が還付請求対象となりました。還付金額は数百万円が多く、1000万円を超えるものもそれなりにありました。そして、多少削られることはあるとしても、その大半が還付されたのです。

(2) 今日の還付請求

やがて嘆願ビジネスの存在が、税理士業界に知れてくることになります。すると、多くの税理士は、自分の当初申告が嘆願ビジネスの対象にならないよう、土地評価に力を入れはじめたようです。それもあってか、当時と比べると「嘆願ビジネス」はかなり下火になっています。

しかし、一般の税理士は土地評価が不得手であるという構造は変わっていません。とりわけ面大地の評価がいけません。平成29年までの規定（「広大地の評価減」）の適用要件があいまいであったこともあり、かなりの「無難な評価」が混在していると思われます。高額となる面大地の評価額が2～4割下がろうものなら、税額に多大な影響を与えます。何せ第2章で見たように、相続税は累進税率なのです。この多くは成功報酬方式ですから納税者側に費用や手間はかかりません。当初申告から数年が経過していれば、還付請求の嘆願申請の事実はほとんどその税理士に気付かれることもありません。

何より以前の「嘆願」と異なり、今では納期限から5年までの還付請求は納税者の正式な権利となっています。したがって、5年以内に相続税の申告をされている方は、「ダメ元」気分で更正の請求を検討されたらいかがでしょうか？

森田　義男（もりた　よしお）

1948年埼玉県生まれ。72年東京教育大学（現筑波大学）卒業、同年三井信託銀行入社。行員時代の16年間のうち10年間にわたり不動産業務を担当。88年森田税務会計事務所を設立、現在に至る。税理士・不動産鑑定士。不動産を得意分野とする相続専門税理士として活躍中。

主な著書：『怒りの「路線価」物語』『嘆きの「固定資産税」物語』（ともにダイヤモンド社）、『公示価格の破綻――驚くべき鑑定評価の実態』（水曜社）、『取り返せ！ 相続税』（すばる舎）、『相続力―円満・有利・安心のために』（ビーケイシー）、『はじめての不動産実務入門』（近代セールス社）等がある。

森田税務会計事務所
〒101-0054 東京都千代田区神田錦町1-6-2 落合ビル4F
電話　03-3219-4871　FAX 03-3219-4872
e-mail　morita@moritax.jp
ホームページ　http://www.moritax.jp/

続・相続力

著　　者●森田義男《もりたよしお》

発　　行●2019年6月20日初版第1刷発行

発 行 者●玉木伸枝

発 行 所●株式会社ビーケイシー

〒102-0074　東京都千代田区九段南3-4-5
TEL 03-5226-5061　FAX 03-5226-5067
URL http://www.bkc.co.jp　E-mail info@bkc.co.jp

装　　丁●武田夕子

印刷・製本●株式会社ビードット

ISBN978-4-939051-61-6 C0033